の近現代史

小堀　聡

目　次

ＣＰＣリブレ　No.9

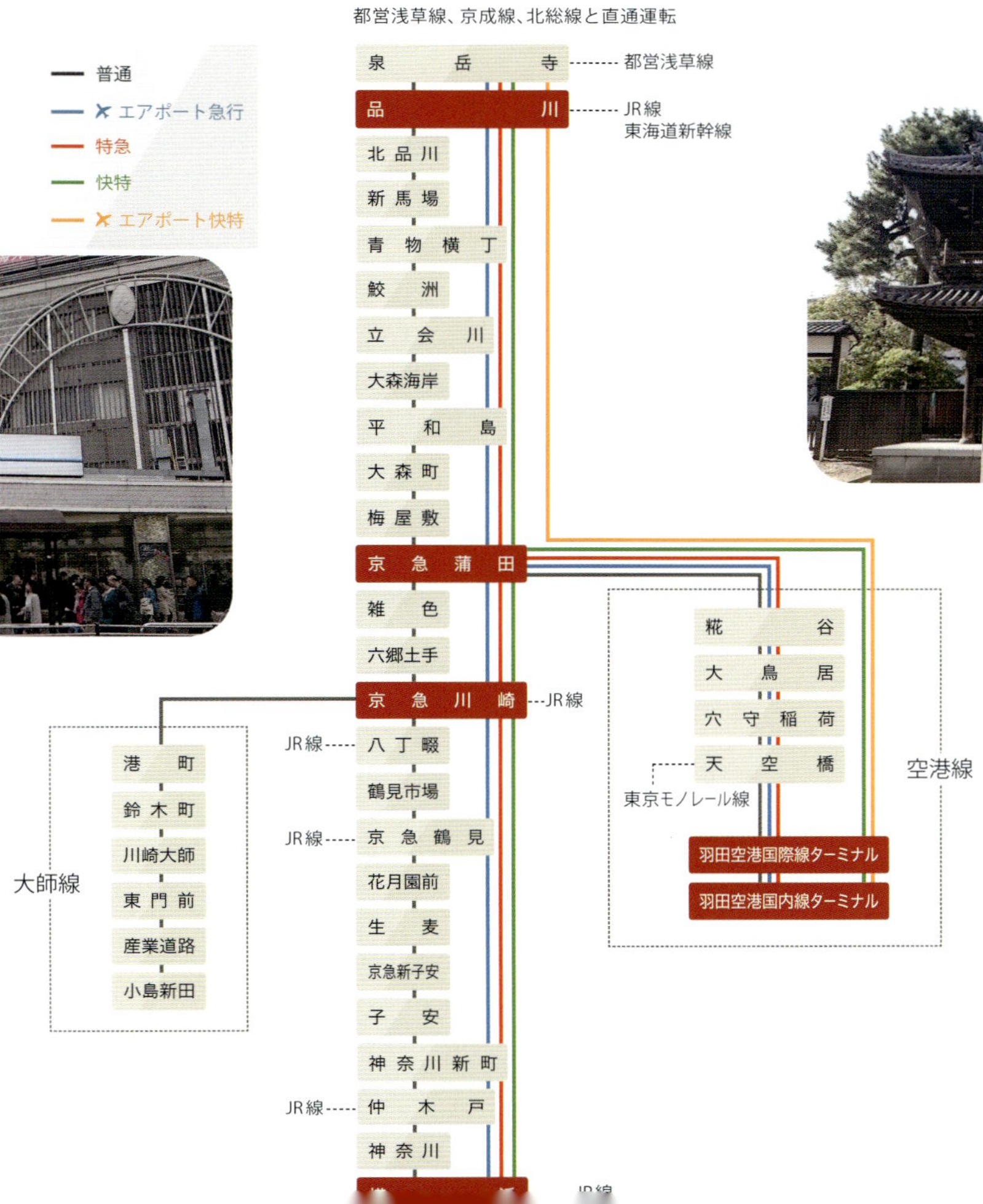
都営浅草線、京成線、北総線と直通運転
普通
エアポート急行
特急
快特
エアポート快特
泉岳寺
都営浅草線
品川
JR線
東海道新幹線
北品川
新馬場
青物横丁
鮫洲
立会川
大森海岸
平和島
大森町
梅屋敷
京急蒲田
雑色
六郷土手
京急川崎
JR線
八丁畷
JR線
鶴見市場
京急鶴見
JR線
花月園前
生麦
京急新子安
子安
神奈川新町
仲木戸
JR線
神奈川
大師線
港町
鈴木町
川崎大師
東門前
産業道路
小島新田
空港線
糀谷
大鳥居
穴守稲荷
天空橋
東京モノレール線
羽田空港国際線ターミナル
羽田空港国内線ターミナル

品川駅
Shinagawa Station
品川駅

泉岳寺

川崎大師大山門

横浜駅

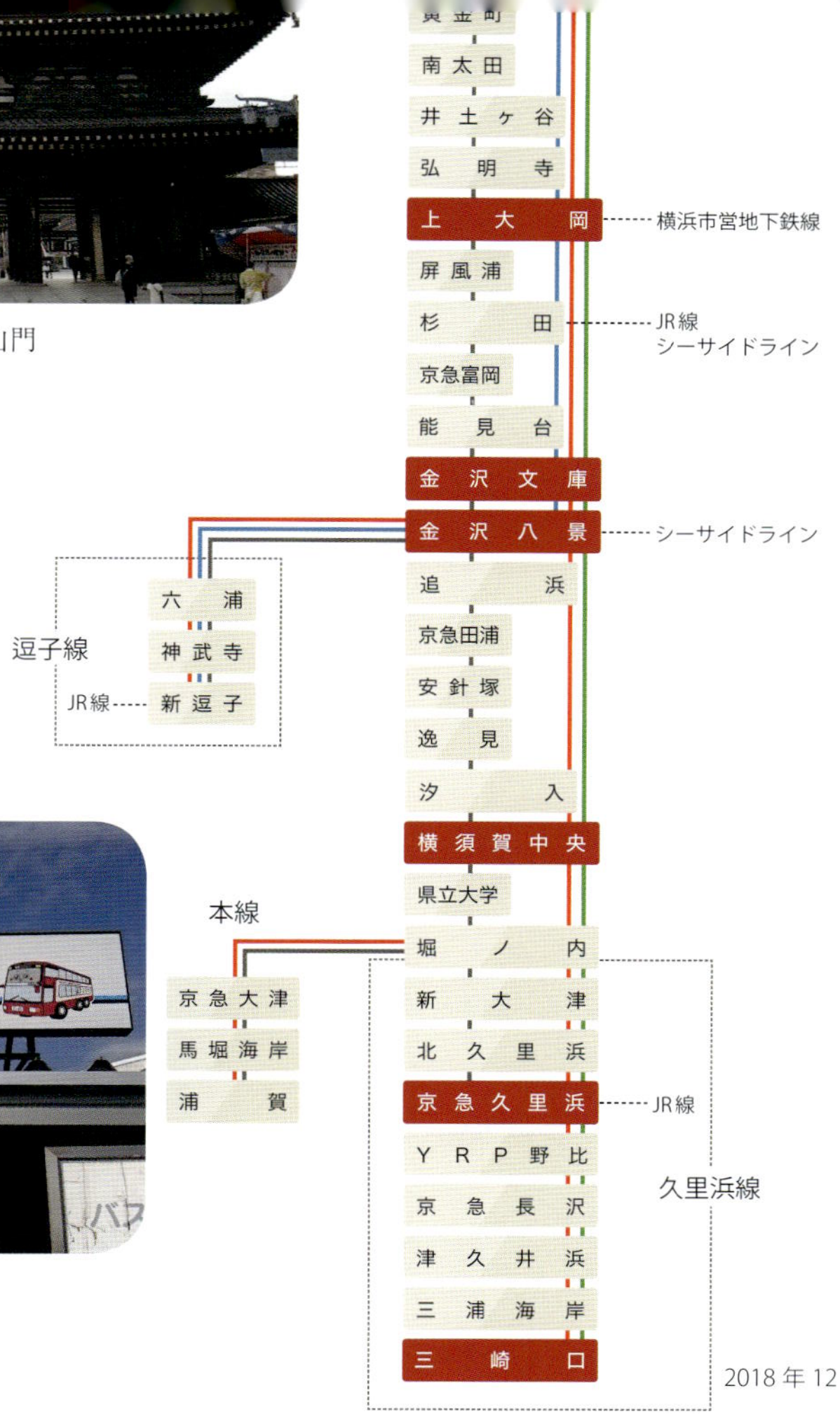

2018年12月現在

横須賀中央駅

三崎口駅

（路線図提供：京浜急行電鉄株式会社）
（撮影：小社編集部）

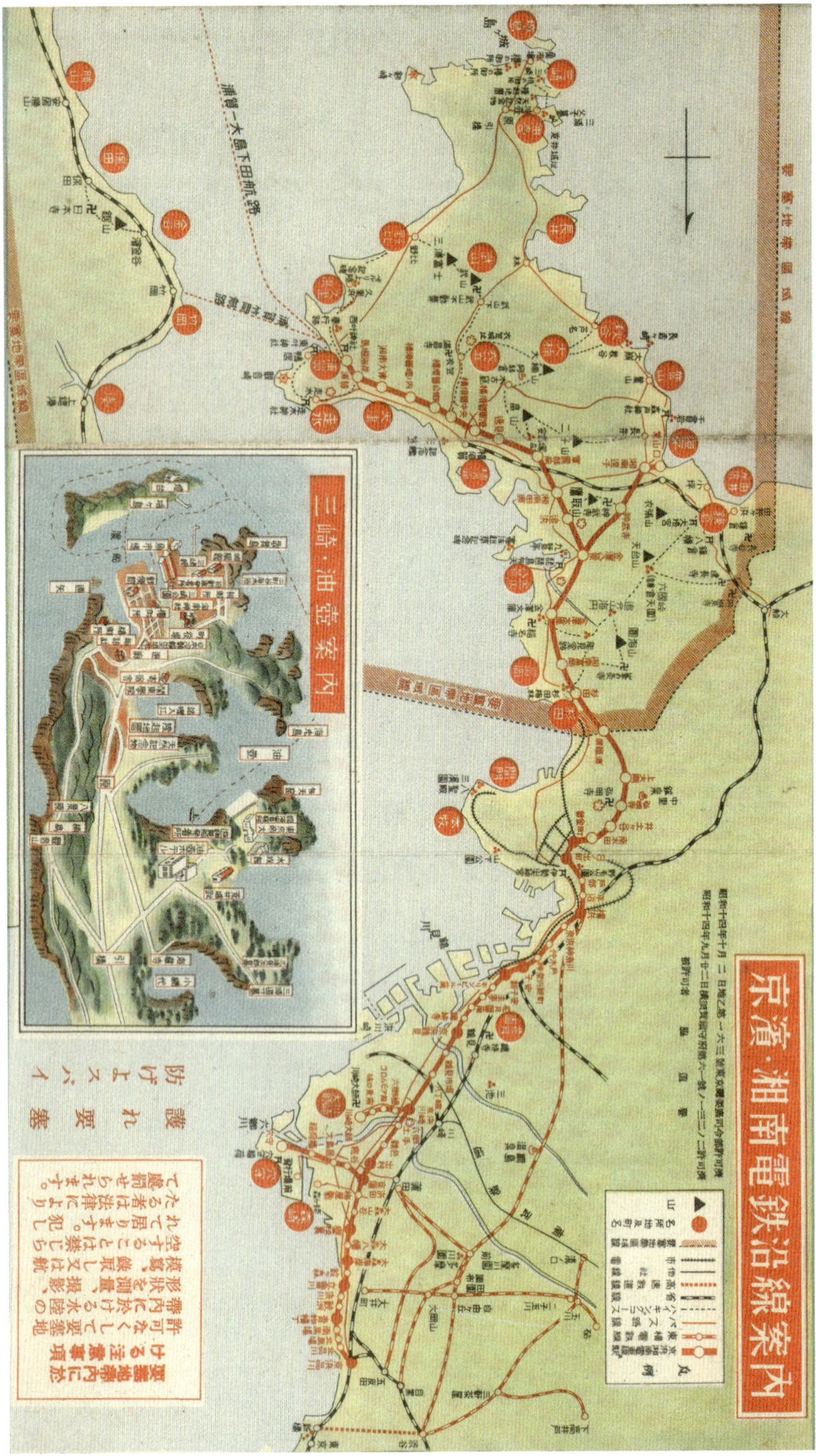

京浜・湘南電鉄沿線案内。点線の内側（屏風ヶ浦以南）が東京湾要塞地帯・区域（京浜・湘南電鉄パンフ「三浦半島めぐり」1940年5月より、名古屋大学大学院経済学研究科附属国際経済政策研究センター情報資料室所蔵）

第一章　世界史のなかの京急沿線

1909年頃の京浜電鉄沿線（横浜市中央図書館所蔵『京浜遊覧案内』より）

1927年頃の「鶴見区工場地帯」（横浜市中央図書館所蔵「絵葉書」）

〝京急沿線に住んで幸せになろう〟。今から一〇〇年以上前の一九一〇年（明治四三）、こんな中身のエッセイを書いた作家がいました。その名は遅塚《ちづか》麗水（一八六六―一九四二）。同じく作家の幸田露伴と同窓で、『日本名勝記』などの作品を残しています。[1]露伴と違って日本史の教科書に載ることはありませんが、本書は『京急沿線の近現代史』ですから紹介しないわけにはいきません。なぜ、幸せになれるのでしょうか。

京浜遊覧地帯

麗水のエッセイは「人の斯の世に生を享けて、何が一番幸福なりや」というように幸せの定義から始まります。答えは「一身の寿福と一家の康福」、つまり健康でした。「名誉も黄金も健康なる躰躯《からだ》あつてのもの」と考えたからです。

では、どうすれば健康になれるのか。麗水は、「飲食の節制、精神の修養、精神の慰安」など色々挙げたのち、「大気の新鮮なる郊外に棲むことが、最も簡易《たやす》くして且つ最も効目ある方法《しかた》」だと断言します。エッセイのタイトルは「郊外生活のすゝめ」です。

郊外生活を推奨する理由は、都市環境の悪化でした。工場の煤煙、道路の埃、屎尿の増加などによって「溷濁《にご》らされたる」都市の空気はまるで「泥水」であり、「生命」を縮めると麗水は言います。とはいえ、麗水の勧めはあくまでも郊外であって、山村ではない。麗水にとっての理想的な生活は、「水道の水」のように清浄な空気に囲まれるだけではなく、交通、小学校、料理店、音楽会、行楽地などインフラや娯楽も兼ね備えたものでした。こんないいことづくめの場所は果たしてどこか。麗水の答えは明快です。「京浜鉄道沿線の地に勝《ま》さるものなし」と。

京浜急行電鉄（以下、京急とする）の前身である京浜電気鉄道（京浜電鉄）は当時、品川―神奈川の本線と海岸―大森、蒲田―穴守、川崎―大師の三支線とで構成されていました。なので、「京浜鉄道沿線」は文字通り東京―横浜間の臨海部を指します。この地域は「西北に一帯の丘陵を負ひ、東南に東京湾を控へたれば、空気の清浄」であることに加えて、鉄道もあるし、電話も電気もあるから「都市の生活《くらし》に比較して毫も不便を感ずることなし」。しかも、行楽地にも恵まれていました。「春は大森、池上、蒲田、原村の梅に始まりて、六郷の桃、梨の花、大師道の花のトンネルあり、夏は大森、八幡ケ浜、森ケ崎、羽田、鶴見の海水浴、秋にも冬にも行楽多く、殊に養生地としては海水浴は言ふを俟たず、池上、羽田、森ケ崎の鉱泉浴、大森の砂風呂の、善く諸病に効験あるは遍ねく人の知るところ也」。そして「郊外生活のすゝめ」は次の一文で結ばれます。「一身一家の康福を望む人は、一日も早く此の楽天地に来り棲みて、大自然の恩恵《めぐみ》を享受せよ」。

ここで種明かしをしますと、「郊外生活のすゝめ」は一九一〇年一月発行の『京浜遊覧案内』という小冊子に収録されていました。発行者は京浜電気鉄道。「郊外生活のすゝめ」の後ろには沿線「遊覧案内」が六〇頁以上続きます。つまり、「郊外生活のすゝめ」はあくまでも京浜電鉄の宣伝であり、麗水が話をいくらか盛っている可能性は高い。とはいえ明らかなのは、京浜電鉄が理想的な居住・行楽空間を備えた郊外として沿線を売り出そうとしていたことであり[2]、と同時に、麗水と同じ筆法でこの沿線を売り出すのは現在ではもはや不可能だということです。蒲田、羽田、川崎、鶴見といった地名から「大自然」のイメージを引き出すことは極めて困難でしょう。「郊外生活のすゝめ」で注意すべきは、麗水が都市をあくまで東京市に限定して話を進めていることです。一八八九年（明治二二）に誕生し、一九四三年（昭和一八）の都政成立で消滅した東京市の範囲には変遷があり、一〇年当時の南限は芝区（現、港区の一部）でした。品川以南の東京市編入は三二年。川崎市成立は二四年。横浜市への編入については鶴見町が二七年、子安村が一一年、神奈川町が〇一年。したがって、京浜電鉄の路線の大半は、『京浜遊覧案内』当時、都市を走っていない。沿線が都市の名目を備えるのは第一次世界大戦（一九一四―一八）や関東大震災（一九二三）を挟んだ二〇年代半ば以降のことであり、これは京浜臨海部の工業化、すなわち京浜工業地帯の形成と密接に関連したものでした。

高度成長と臨海工業地帯

京浜電鉄沿線の遊覧地帯から工業地帯への変貌はどのようにしてもたらされたのでしょうか。麗水のいう「溷濁らされたる空気」を東京市内で排出した企業の代表例に浅野セメントがあります。深川に位置するこのセメント工場は、日本初のセメントを一八七五年に製造した官営深川セメント製造所を浅野総一郎（一八四八―一九三〇）が買収したものです。浅野は深川工場を発展させ、セメント王と称されるまでになりますが、工場周辺ではその粉塵が社会問題となりました。そこで浅野が考えたのが、工場を東京市の周辺部に移転することです。結局、集塵装置が成功したため深川工場はその後も稼働を続けますが、移転先を探すなかで浅野は、鶴見・川崎の臨海部に目を付けました。一九一七年（大正六）、橘樹《たちばな》郡田島村（現、川崎市）の臨海部に工場を新設します。そしてここでも、「溷濁らされたる空気」を排出するのです。(3)

浅野が企業家として卓越していたのは、セメント工場の新設と同時期に、工場用地の造成・販売を目的とする臨海埋立事業も行なったことでした。浅野は一九一二年に鶴見埋立組合を組織し、鶴見・川崎一帯で埋立事業を開始します。組合は二〇年に東京湾埋立株式会社（現、東亜建設工業）に改組され、二〇年代末には当初計画が完成します。浅野は、防波堤の設置や海底の浚渫によって大型船舶の利用を円滑にしたり、鶴見臨港鉄道を敷設して東海道本線と連絡したりするなど、埋立地のインフラも自ら整備します。埋立は浅野以前から行なわれていましたが、工業地帯の整備を目標として明確に掲げ、それを具体化した点で、浅野の事業は画期的でした。浅野の埋立地にはエネルギーや鉄鋼などの大工場が進出します。(4) また、浅野の事業にも刺激されつつ、三〇年代から戦時期（一九三七―四五）にかけ、工業化を目的とする埋立計画の立案・実施が民間事業者・地方自治体・国家によって各地で行なわれました。これらの事業は当初工業港と呼ばれていましたが、四〇年頃には臨海工業地帯の名称も定着します。

工業港や臨海工業地帯の名称が定着した際に特筆すべきは、これらが日本の重化学工業化の突破口となるとの主張が登場したことです。日本を代表する土木技術者の一人、鈴木雅次（一八八九—一九八七）の話を聞いてみましょう。鈴木は戦前の土木行政を所管していた内務省土木局にて、工業港の普及に尽力した人物です。〝一九世紀半ば以降、欧米の重工業地帯は鉄鉱石や石炭などの原燃料を産出する内陸の河川沿いに発展してきた。では、国内資源の少ない日本では重工業化は不可能か。否《いな》。国内に資源がなければ輸入すればよい。海上輸送のコストは陸上輸送の十分の一以下ですむからだ。遠浅の海岸を浚渫して大型船舶を入港可能にすると同時に、浚渫土砂も利用して広大な埋立地を造成しよう。そして埋立地は工場地帯とする。工場には横付けされた大型船から世界各地の原燃料が供給され、輸出も促進されよう。工業港を発展させて植民地のみならず世界中から原燃料を輸入すれば、日本が資源小国であることはもはや弱点ではない。むしろ、長大な海岸線を有する日本の地理的条件は、工業化をするうえで極めて有利だ[(5)]〟（意訳）。

もちろん、現実の大日本帝国は世界各地との自由貿易に賭けたのではなく、帝国主義的な世界情勢の下で中国大陸に資源を求めて侵略し、そして崩壊します。しかし、鈴木たちの工業港的な発想は、運輸省や地方自治体の港湾技官によって敗戦後も共有されました[(6)]。また、米国の覇権、メジャーズ（国際石油資本）による中東原油の低廉・大量供給、大型タンカーに代表される第二次交通革命、など世界各地からの資源輸入を可能とする国際的な条件も一九五〇年代後半に出揃います。こうして、東海道、瀬戸内など大都市周辺部の遠浅の海岸では大型船舶の入港可能な臨海工業地帯が競って造成され、そこには世界各地からの資源・エネルギー輸入に支えられたエネルギー多消費産業（鉄鋼、石油、電力など）が進出します。六〇年代後半の日本は文字通り世界最大のタンカーを使いこなし、文字通り世界最大の資源輸入国となりました（**表1―1**）。

そして、臨海工業地帯で生産される原材料やエネルギーを利用して、船舶、家電、工作機械、自動車といった機械関連産業も成長。これらの産業が膨大な雇用を吸収することで、三種の神器（白黒テレビ、洗濯機、冷蔵庫）に象徴される国内消費も拡大します。こうして出現したのが太平洋ベルト地帯であり、高度経済成長でした。日本の高度成長は海外の資源を国内の「勤勉」な労働力と効率的に結びつけることによって初めて達成されたのです[7]。

表1-1　OECDの資源輸入量に占める各国の比率　（1969年、%）

	鉄鉱石	原料炭	原　油
日　本	**33.9**	**35.7**	**18.3**
米　国	16.8	0.1	11.2
英　国	7.9	0.0	12.1
西ドイツ	17.7	5.5	11.5
フランス	2.8	10.9	11.1
イタリア	4.5	9.9	13.0

資料）経済審議会資源研究委員会編『変化の中の資源問題―資源研究委員会報告書』大蔵省印刷局、1972年11月、50頁。

そしてこの成長は、農山漁村の過疎化、エネルギー自給率の低下に加えて、過密、公害、自然破壊といった都市問題の激化と引き換えにもたらされたものでした。資源輸入大国となった一九七〇年前後における日本の公害は世界最悪水準であり（**表1―2**）、これを改善した原動力は各地の公害反対運動でした。また、埋立や浚渫によって自然海岸や藻場が失われたことは「羽田、鶴見の海水浴」を過去の話としただけでなく、海の生態系に今なお大きな影響を与えています。(8) 海外化石資源は水産資源を破壊しつつ確保されたのでした。

東アジアの奇跡と京急沿線

高度成長期を通じて進展した海外資源への依存は、低成長と呼ばれる今日でもひき続く現象です。そして、さらに重要なのは、海外資源を利用した工業化と経済成長が、日本だけではなく東アジア全体に広がりをみせたことです。たとえば韓国では、一九六〇年代末から大型臨海コンビナートや製鉄所の建設が進展し、その過程では日本からの技術移転も確認できます。また、中国でも九〇年代になると化学など資源多消費的な産業の臨海立地が進みます。そしてこれらで生産される原材料を利用することで、機械のように雇用吸収力の大きい産業が発展し、国内市場も拡大していきました。まさに日本と同じメカニズムであり、現在の歴史学では、日本の高度成長は東アジア全域の経済成長（「東アジアの奇跡」）の一部分かつ先駆者として位置づけられています。そしてこの結果、世界の工業生産の中心は、西欧諸国と米国東海岸とから成る大西洋圏からアジア太平洋圏へと劇的に移動しました。(9) これに伴って公害

表1-2　高度成長期における汚染量の国際比較　（可住地面積当り、トン/千m²）

	SO_2	BOD
日　本（1970年）	**36.0**	**21.0**
米　国（1967）	2.3	1.3
英　国（1968）	9.1	4.5
フランス（1965）	4.0	2.5
西ドイツ（1970）	17.5	9.1

資料）経済企画庁編『経済白書』1974年版、大蔵省印刷局、293頁。

註）SO_2：亜硫酸ガス（大気汚染の指標）、BOD：生物化学的酸素要求量（水質汚濁の指標）。

や自然破壊も深刻化しており、それは都市のみならず農山漁村にも及んでいます。農山漁村が都市に資源や食料を供給したり、都市の廃棄物を受け入れたりといった過程でのことです。現在のアジア地域は「地球環境問題のホットスポット」。すなわち、人類の存続自体を大きく左右しかねない地域になっています[10]。

東アジアの奇跡は同時に、その先駆者であった日本の製造業が他の東アジア諸国に追いつかれていく過程でもありました。日本企業も生産・流通工程の効率化や製品の高付加価値化によって対応しますが、円高の進展や冷戦崩壊を背景として、一九九〇年代以降、生産工程や販売市場の海外移転―いわゆるグローバル化を加速します。この結果、臨海工業地帯でも雇用が縮小する一方、金融・情報通信などの知識集約型産業が集積する東京への一極集中が進み、その歯止めはかかっていません[11]。もっとも、脱工業化を背景として、臨海部の公園への転換や干潟や藻場の保全・再生が行なわれ始めたことも確かです[12]。どうすればさらに広がるでしょうか。

このような流れのなかに京急沿線を位置づけると、その近現代史は、海外資源に支えられた東アジアの奇跡のトップランナーであり、かつその成長後の社会への萌芽もゼロではないという意味で、世界史的な意義のあるものです。明治期の鉄道開通を機に行楽地として注目されつつあった京浜間の臨海部は、一九二〇年代の埋立によって臨海工業地帯へと転換し、また大森・蒲田一帯では機械工業の集積も進展します。そして、工業化によって京浜間の行楽地が停滞・衰退するのと同時に、周辺部が新たな行楽地や住宅地として開発されていく。それは例えば、国鉄沿線の湘南諸地域、小田急電鉄沿線の向ヶ丘遊園や箱根、現在の東京急行（東急）沿線であり、〝京急〟が見出したのが三浦半島でした。[13] 一九三〇年（昭和五）、京浜電鉄が出資する湘南電気鉄道（湘南電鉄）が開業し、三三年に品川―浦賀直通運転が実現。沿線の観光需要を喚起します。

敗戦後の一九四八年に発足した京浜急行電鉄は宅地開発を本格化させるとともに、三浦半島先端部である三崎への延伸も目指しました。同時期には横浜市南部や川崎市の沖合いでも、臨海工業地帯の造成が一層すすみ、戦前まで軍都であった横須賀も臨海工業地帯の造成に挑みます。こうした開発の結果、多くの公害や自然破壊も発生しました。しかし、社会運動や種々の意図せざる結果によって、不完全ながらこれらが軽減されたのはたしかでしょう。

その後二〇〇〇年代に東京への一極集中が加速すると、臨海部を生活空間に転換する動き（たとえば横浜赤レンガ倉庫や川崎の東扇島東公園）や工場跡地の宅地化が京浜間でも生じる一方、東京からより離れた三浦半島では人口減少が深刻となります。そしてどちらの地域でも、何に付加価値を見出しながら街づくりをしていくのかが、京急にも住民にも改めて問われています。

以上、簡単に素描しましたが、次の章からは、京急沿線各地での生産活動と生活（住居、行楽、住民運動など）とが、臨海工業地帯の発展とともにどう変わっていくのかを具体的に追跡したい。本書はあくまで沿線史ですから、各章には京急以外にも企業家、政治家、住民、宗教家など様々な人物が登場します。京急は時として主役を、または脇役を演じるでしょう。なお、特別出演として軍隊（帝国陸海軍、占領軍、在日米軍、自衛隊）が登場することを予め補足しておきます。神奈川県にとって軍隊は戦前・戦後を通じて大きな存在であり、それは湘南電鉄、京急やその沿線自治体に数々の影響を与えてきました。(14) 京急沿線に注目することは、世界各地からの資源輸入の背後にある日米安保体制を足許から見つめなおす機会にもなるでしょう。

では、前置きはこのくらいにして、京急発祥の地、川崎に話を移します。

【註】

(1)石丸久「遅塚麗水」国史大辞典編集委員会編『国史大辞典』第九巻、吉川弘文館、一九八八年。

(2)以上、遅塚麗水編『京浜遊覧案内』京浜電気鉄道、一九一〇年（横浜市立図書館デジタルアーカイブ「都市横浜の記憶」http://www.lib.city.yokohama.lg.jp/Archive/）。鈴木勇一郎「郊外行楽地の盛衰」奥須磨子・羽田博昭編著『都市と娯楽』日本経済評論社、二〇〇四年、二三三―三四頁も参照。

(3)川崎市編『川崎市史』通史編三近代、同市、一九九五年、三三二―三六頁、香川雄一「工場の立地と移転にみる景観の意味づけの変化」『国立歴史民俗博物館研究報告』第一五六集、二〇一〇年三月。

(4)渡邉恵一「戦間期京浜工業地帯における鉄道輸送問題―鶴見臨港鉄道の成立と展開」『経営史学』第四六巻第二号、二〇一一年九月。

(5)以上、小堀聡「臨海工業地帯の誕生と普及―土木技術者鈴木雅次の軌跡　一九二〇―一九七〇」『ノートル・クリティーク』第五号、二〇一二年五月。

(6)小堀聡「臨海開発、公害対策、自然保護―高度成長期横浜の環境史」庄司俊作編著『戦後日本の開発と民主主義―地域にみる相剋』昭和堂、二〇一七年。

(7)杉原薫『アジア太平洋経済圏の興隆』大阪大学出版会、二〇〇三年。

(8)宮本憲一『戦後日本公害史論』岩波書店、二〇一四年、若林敬子『東京湾の環境問題史』有斐閣、二〇〇〇年、鈴木輝明「伊勢・三河湾の水産資源と環境」日本福祉大学『知多半島の歴史と現在』第一七号、二〇一三年一〇月。

(9)杉原、前掲『アジア太平洋経済圏の興隆』、同「開発主義の環境史的基盤―臨海工業地帯から内陸部への歴史的移動を考える」『学術の動向』第二三巻第二号、二〇一八年二月、堀和生・萩原充編『〝世界の工場〟への道―二〇世紀東アジアの経済発展』京都大学学術出版会、二〇一九年刊行予定。

(10)谷口真人「水をめぐる地球環境問題（二）―水・エネルギー・食料のつながり」日立財団『環境研究』第一八〇号、二〇一六年一月。

(11)中島賢太郎「工業用地と工業集積」、深尾京司・山崎福寿・原野啓「鉱工業―構造変化と生産性停滞」（以上、深尾・中村尚史・中林真幸編『日本経済の歴史』第五～六巻、岩波書店、二〇一八年）。

(12)香川、前掲「工場の立地と移転にみる景観の意味づけの変化」。

(13)鈴木、前掲「郊外行楽地の盛衰」二三六―三八頁、「湘南の誕生」研究会編『湘南の誕生』藤沢市教育委員会、二〇〇五年、永江雅和『小田急沿線の近現代史』クロスカルチャー出版、二〇一六年、猪瀬直樹『土地の神話』小学館、一九八八年。

(14)栗田尚弥編著『米軍基地と神奈川』有隣新書、二〇一一年、上山和雄編『軍港都市史研究　Ⅳ横須賀編』清文堂出版、二〇一七年。

第二章　川崎—初詣からハンマーへ

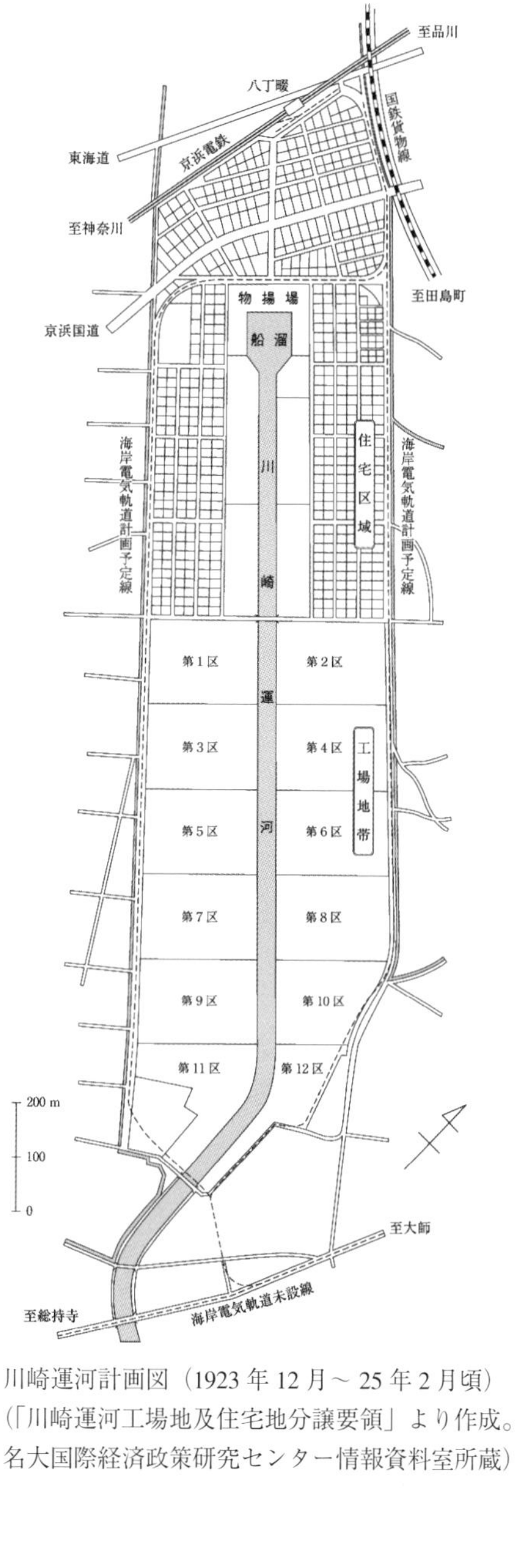

川崎運河計画図（1923年12月～25年2月頃）
（「川崎運河工場地及住宅地分譲要領」より作成。
名大国際経済政策研究センター情報資料室所蔵）

今から一二〇年前の一八九九年（明治三二）一月二一日午前一〇時、川崎の六郷橋―大師（二・八キロメートル）で電車営業が開始されました。全国で三番目、東日本で一番目、そして現存最古の電気鉄道、大師電気鉄道（現、京急大師線）です。なぜ〝京急〟はこの地を選んだのでしょうか。

鉄道と川崎大師

大師電気鉄道が開業した一八九九年は第二次鉄道ブームと呼ばれる時期の最終盤に当たります。第二次の前には当然第一次があり、それは八六〜九〇年でした。産業革命が始まった八〇年代後半の日本では紡績業など様々な企業が各地の投資家によって相次いで設立されており、彼らの投資・投機対象に鉄道も含まれていたのです。この第一次ブームは恐慌で鎮静化しますが、九四〜九五年の日清戦争に前後して第二次鉄道ブームが起こり、九〇年代末まで続きます。第一次と第二次とは以下の二点で違っていました。まず、第一次が比較的長距離だったのに対し、第二次は短距離中心だったこと。九二年の鉄道敷設法によって官営鉄道（官鉄）の長距離予定線が決定されたため、民間の仕事は短距離中心になったのです。また、第一次では動力が専ら蒸気機関車だったのに対し、第二次では電気にも注目が集まります。九〇年の第三回内国勧業博覧会で米国製の電車が運転されたのが大きなきっかけでした[1]。

電気に注目する人物の一人が立川勇次郎（一八六二―一九二五）です。大垣藩士の次男で弁護士ののち実業家に転じた立川は、内国勧業博以前から電気鉄道に関心を有し、一八八〇年代末には東京市内での電気鉄道敷設免許出願に関与しています。が、当時の政府は電気鉄道への方針をまだ決定できずにおり、出願は却下されました。しかも第二次鉄道ブームになると、東京では出願や議論が相次ぎ、混乱が続きます。そこで立川はこう考えました。まずは東京市外で「関東ニ於ケル電気鉄道ノ標本ヲ実験」し、その便利さを示そう。立川らは軌道条例（九〇年）に依る路面電車として川崎―大師に川崎電気鉄道を敷設する特許を九六年三月に内務大臣に出願します。

だが、その前年には横浜電車鉄道も横浜―川崎―大師河原の敷設を出願しており、川崎―大師は競願になりました。これに対して神奈川県が両者の合同を特許交付の条件とした結果、一八九八年二月二五日、両者が合同して大師電気鉄道株式会社が創立。立川は専務取締役に就任します[(2)]。

とはいえ、ここまでは東京市外に電気鉄道が敷かれる理由ではあっても、その場所が川崎であったことの理由ではありません。以下、この点を考えてみます。近世後期以来、川崎地域で賑わいをみせていたのは川崎宿と川崎大師（金剛山金乗院平間寺）とでした。東海道の宿場町である川崎宿には宿屋や料理屋が並ぶ一方、川崎大師は江戸近郊の厄除け大師として、庶民の日常的な行楽と信仰との場所でした。江戸からは多摩川を船で渡って来たわけです。

このように賑わっていた川崎大師にとって、明治維新は当初まさに災厄でした。一八六八年の神仏分離政策によって発生した廃仏毀釈は全国各地の寺院を混乱に陥れており、川崎大師も例外ではなかったのです。が、その川崎大師への参詣客が回復・増加していくきっかけをもたらしたのもまた、明治維新でした。具体的には一八七二年（明治五）旧暦九月一二日の新橋―横浜鉄道開業です。開業まもなく、官鉄は毎月二一日の川崎大師縁日に列車を増発することを決定し、当日七〜一八時の間は毎時一本発車することになりました（平常日は一日九往復）。それでも縁日の日は、乗り切れない乗客が発生したり、客の重さで列車が遅延したり、といった混雑となります(3)。

だが、鉄道が川崎大師にもたらしたものはこれだけではありません。それは初詣です。近世後期の正月参詣は初縁日に関するものが多く、元日がとりわけ注目される現在とは違う行事でした。その後明治期に日曜制や正月三ヶ日休業が定着すると元日の参詣が次第に優勢になりますが、当初は各年の恵方に当たる神社に参詣するのが主流。しかし一八八〇年代半ばになると、川崎大師では恵方でない年の元日も賑わうようになります。鉄道がまだ珍しい当時、汽車で日帰りできる川崎大師は魅力的な行楽地だったからです。そして、川崎大師への元日参詣は「初詣」と呼ばれるようになりました。これが一般化したものが、私たちがイメージする初詣になるのです(4)。

反対運動を越える―大師電気鉄道の開業

以上から窺えるように、大師電気鉄道は、伸びゆく行楽地とその最寄駅とを結ぶことに意義がありました。開業日の一月二一日も川崎大師の初縁日に合わせたわけです。

もっとも、この計画が気に食わない人たちも存在しました。その筆頭は人力車組合です。川崎駅と大師との往来に目を付けたのは立川勇次郎が最初ではなく、小川松五郎なる人物が既にいました。川崎で曲祿という人力車を運行していた小川は、官鉄開業後、川崎駅から大師への参詣客に注目して事業を拡大し、車夫の一団を繁盛させます。人力車に施された達磨（大師名物）の彫刻から「だるま組」と呼ばれ、一六〇台を誇りました。だるま組にとって電気鉄道は商売敵ですから、猛烈な反対運動を展開します。さらに、川崎宿の店舗からも反対が起こる。飲食店街などの立ち並ぶなかを電車が走ると商売が打撃を受ける、と懸念しました。そして最後に沿線住民。路面電車の大師電気鉄道が敷設を予定していたのは一八八八年に川崎大師が参詣用に建設した大師新道（現、国道四〇九号）でした。幅七・三メートルの大師新道は両側が桜並木で、多摩川の堤防を兼ねていました。このため、桜の保護と水害予防とを理由とする反対運動も起こったのです。

大師電気鉄道が線路を敷くには、これらに対応する必要がありました。まず、人力車組合や店舗の反対運動には、官鉄川崎駅への接続を断念し、一キロメートル離れた多摩川そばに六郷橋駅（一九〇二年頃までは「川崎」の名で営業）を設置することで妥協します。しかも両駅を結ぶ人力車と電車との連絡切符まで発行する。ついで、沿線住民の反対には、大師新道沿いを盛り土して一一メートルに拡幅し、桜並木も移植する方針を取ります。すると今度は、拡幅用地買収への反対運動が起こりますが、これには川崎大師の住職も地主や小作人を説得し、買収に成功します。(5)

なお、線路幅は官鉄の狭軌（一〇六七ミリメートル）よりも広い国際標準軌（一四三五ミリメートル。以下、標準軌）で、立川らの実験的な精神はこの点にもうかがえます。開業当時の運転時間は平日が九～一八時、日曜、大晦日と毎月一、一五、二〇、二一日は八～二〇時。遅くとも一八九九年六月以降は五分間隔で運行されたようです。頻発運転によって収益を確保しようという考えです。[6]「［大師縁日の］毎月廿一日ノ如キハ非常ノ雑踏ヲ極メシ」というように集客に成功しました。[7]

工都川崎の誕生

大師電気鉄道は開業と同じ一八九九年に京浜電気鉄道に改組されます。のち一九〇一（明治三四）～〇五年に品川―神奈川が順次開業し、京浜電鉄は文字通り京浜間の私鉄となりました。この間、〇二年には官鉄川崎駅近くへの乗り入れも果たします（六郷橋―川崎開業）。これらの経緯は次章以降で追うので、この章では川崎が工業化していく過程で京浜電鉄がどう行動したのかをみます。

川崎宿と川崎大師周辺との二つの中心部が存在していたとはいえ、一九一〇年代以前の現川崎市域は農業や半農半漁の地域で、有望な企業家や投資家も不在でした。実際、大師電気鉄道の発起人二七名のうち、川崎在住者はたった一名です。[8]

しかし、日本の重工業化が進展した第一次世界大戦に前後して、東京湾に近い現川崎市東部には工場が急速に進出します。首都東京と港都横浜とに挟まれた低地が広がり、かつ多摩川下流の水を利用できることが、域外の資本家を惹きつけたのでした。しかもこの際、川崎の有力者も工場の誘致を活発に展開する。その牽引役が地主の石井泰助（一八六五―一九三一）でした。川崎町長に三選、市長に二選した石井は、自身の土地を売却したり地主の利害を調整したりすることで、工場の進出を実現（一九二四年に川崎町、大師町などの合併で川崎市成立）。大師線沿線にも、日米蓄音機（現、日本コロムビア）、鈴木商店（現、味の素）、などがやってきました。工場の立地先は多摩川沿いから多摩川・鶴見川河口沖合いの埋立地へとさらに広がり、東京湾に面する田島村（二七年に川崎市編入）には、浅野セメント（第一章参照）のほか日本鋼管も進出します。と同時に、両町村の人口は〇一～二一年にかけて約四倍に増加します。

かくして、一九一七年（大正六）には「川崎地方は既に遊覧の時代を過ぎ、今やハンマーの音、煤煙の雲に依って代表せらるる時代」[9]と報じられるまでになりました。農漁村と宿場町とから工業都市へと変貌するにつれて、川崎は労働者の街となり、その後朝鮮人の集住も進んでいく。そしてまた、公害や社会運動の空間にもなっていくのです[10]。

電力と運河―八丁畷

川崎の工業化と人口増加とに対応して京浜電鉄がとった行動には、輸送力の増強に加えて副業がありました。私鉄の副業としては今日でも不動産、デパート、レジャーなどがすぐに思い浮かびますが、戦前の京浜電鉄では、今日からみれば一風変わった副業も二つ行なっています。

第一に電力供給事業です。大師電気鉄道が用いる電力は自家発電で、同社は六郷河畔にレンガ造りの火力発電所を建設し、そこから給電していました。京浜電鉄が考えたのは、発電所の余力を利用した電灯供給です。一八九九年に監督官庁の許可を得たのち、一九〇一年八月に送電を開始。この時は、東京府大森町内の四三戸に供給しただけでしたが、〇九年には蒲田、羽田、六郷、大師河原の四村と川崎町も供給区域とし、翌一〇年からは工場への動力用電力も供給。一三年末に一五町村、一万戸であった電灯用電力は一八年末に二〇町村、二・二万戸になります。最盛期の二〇～二一年には、電灯・電力の収入が京浜電鉄全収入の三一パーセントを占めるまでに成長しました[11]。

とはいえ、戦前期の電鉄業では電力供給事業への参入は珍しいものではありません。京浜電鉄がとりわけユニークなのは川崎運河事業です。これは川崎町長の小林五助が第一次大戦期の工業化政策の一環として考案し、京浜電鉄に開削を持ち掛けたのがきっかけです。京浜電鉄はこれを快諾し、石井泰助に土地の買収を委任。石井は一九一六年に運河期成同盟会を結成して買収を開始し、一八年には九三ヘクタールの取得を完了します。この間、京浜電鉄は一七年に運河開設免許を取得しました。潮田海岸から川崎町八丁畷に至る二・五キロメートルの「運河を開鑿して舟航運輸の便を開き、其両側の地を埋築して工場用地となす」計画で、運河に並行した電気軌道の敷設も計画されます。一九年一二月から開削された運河は二二年に竣工。同年六月には周辺用地六四ヘクタールの販売が開始されました[12]。

しかしながら、これらの副業は何れも途中で放棄ないし大幅な修正を迫られます。まず電力供給事業は、一九二三年に京浜電鉄と同じく安田財閥傘下の群馬電力に事業譲渡されました[13]。また、運河事業でも工場誘致は横浜護謨など数社しか成功せず、軌道の敷設も実現しません。用地の多くは工場から「川崎住宅地」（のち八丁畷分譲地）へと大幅に計画変更されます[14]。なぜか。

まず、電力供給事業の拡大はそもそも、自社の火力発電によるものではなく、他社からの電気購入に依存したものでした。送電技術の進歩によって、日本では一九〇七年から水力発電の開発が急速に進み、たとえば山梨や北関東、福島といった地域が東京圏の電源地帯に組み込まれるようになります。当時の水力発電は石炭を利用する都市近郊の火力発電よりも低廉・安定的に電力供給ができ、これが都市のインフラ整備や都市・農村双方の工場電化を促進しました[15]。京浜電鉄も一三年に桂川電力株式会社から水力電気の購入を開始し、一五年には自社発電を予備用とします（二七年廃止）。京浜電鉄でも東京近郊一六〇キロ以内に「水力発電所を建設し、電力の自給を図ろうと計画し」ましたが、これは実現せず、必要な電気は他社からの購入のみに依存し、それを家庭や工場に再販売する小売専業となりました[16]。

当時、電力業では事業者が乱立し、相互に値下げや供給区域の拡大を競争していました。一九二一年（大正一〇）には桂川電力と横浜電気とが東京電灯（現在の東京電力の源流）に買収されます。横浜電気は小売供給区域が京浜電鉄と競合しており、結果、京浜電鉄は東京電灯から小売用電力を卸してもらうと同時に小売市場で東京電灯と競争する事態に陥りました。そこで京浜電鉄は、その電力供給事業の発展にもかかわらず、供給区域の獲得では他社の後塵を拝したとの判断から、「将来進展の望みある電車事業に資金を注ぐを有利と認め」、撤退したのです。[17]

川崎運河への工場誘致が失敗したのはなぜでしょうか。一九二〇年代が不況期であったことの影響もありますが、根本的な問題は、道路や工業港など周辺の他の輸送・産業インフラが発展した一方、運河が中途半端なものになったことです。当初運河は八丁畷付近で鉄道と連絡することを構想していました。ですが、京浜国道の改修工事がこれに立ちはだかります。自動車交通量の増大に対応するため、政府は京浜国道の改修を一八年に決定しており、この際に新たな路線も建設された結果、八丁畷では線路よりも海側に国道が新設されることとなりました。そのため、運河は当初計画から一〇九メートル短縮され、鉄道との連絡は断念。運河の利便性は著しく損なわれました。[18]また、敷地についても、一帯が当初湿地であったため地盤沈下が生じ、「雨水や海水が侵入する所などあって、個人にて盛土などして住居宅の建築などをする始末」もみられたと伝えられています。[19]地盤の悪さを工場経営者が嫌った可能性は高いでしょう。

一九二二年の発売当初、宅地は京浜国道周辺の駅前一二ヘクタールに限定されていました。[20]これは運河の短縮部分を有効活用したものですが、宅地が完売する一方で工場誘致が進まないことを受け、震災後、宅地は運河上流にも及び（本章扉）、その後下流まで広がります。宅地は一区画一〇〇坪以上で、「設計工事監督費等凡て無料[21]」のサービス付き。公園や小学校も設置されます。もっとも、それでも完売はようやく三九年のことでした。輸送インフラの価値を失った運河は子どもの遊び場となり、昭和初期には海水浴場も設けられましたが、これも水質汚濁等の理由から二年間で廃止されます。運河は四一年から順次埋め立てられ、現在は緑道などになっています[22]。

戦争と大師線

結局、これら二つの産業インフラ事業の挫折は、重化学工業化が企業や地域間の競争を激化させつつ進展していくなかで、京浜電鉄の資金力やノウハウではもはや太刀打ちできなくなったことを意味していると思われます。むしろ、電気事業からは収益を確保している時点で撤退したことを、また川崎運河でも開通間もなく方針転換したことを評価すべきかもしれません。京浜電鉄や京急はこの後工業化に直接乗り出すことはせず、工業化に伴う輸送力の増強、住宅建設、レジャーの提供に専念することとなります。川崎では臨海部の埋立や鉄鋼・化学といった装置産業の進出が一九三〇年代以降さらに進むことに対応して、大師線の臨海部への延伸が計画されました。東急に統合されていた（第六章参照）四四年に特許を取得し、四五年一月までに川崎大師（二五年に大師から改称）―桜本の五・五キロメートルが順次開業します[23]。

ここで注目すべきは、一九四四年（昭和一九）というアジア太平洋戦争敗北間近の時期に政府が建設を認可したことでしょう。大師線の延伸は「川崎市南部海岸地帯ノ軍需生産工場並海軍重要工廠工員ノ輸送ニ資セントスルモノニシテ時局下軍需生産力増強上速急実施ノ必要[24]」という東急の陳情に〝国益〟が認めれたがゆえに実現したのでした。つまり、大師線の主要目的はもはや川崎大師ではない。

さらに延伸後には、貨物線敷設を求める沿線工場の陳情を受け、狭軌の国鉄貨車を標準軌の大師線に直通運転する目的で、三線軌条（レールを三本敷設すること）も計画されます。国鉄浜川崎駅を出た狭軌線が桜本―入江崎間で大師線に合流し、川崎大師までが三線で設計されました。[25]

しかし結局、貨物輸送の実施は臨海部の工場の多くが米軍に空襲され、戦争にも敗北した後の一九四六年九月からでした。戦時期のインフラが軍需から復興へと目的と変えて利用されたのです。その後、五二年に桜本―塩浜は川崎市（市電）に売却され、六四年には塩浜―小島新田も国鉄塩浜貨物駅建設を期に事実上廃止されます。ただし、小島新田―川崎大師の三線軌条はその後も存続し、川崎大師駅そばにある味の素の貨物輸送を続けました。廃止は九七年のことです。

【註】

(1)野田正穂・原田勝正・青木栄一・老川慶喜編『日本の鉄道―成立と展開』日本経済評論社、一九八六年、六八―七〇、九〇―九三頁。なお、政府が経営する鉄道の所管には変遷がありますが、本書では一九〇六年の鉄道国有法公布以前を官鉄、以降を国鉄とします。

(2)京浜急行電鉄株式会社編『京浜急行八十年史』同社、一九八〇年、五四―五六頁。引用は『品川橋六郷橋間電気鉄道出願ノ件ニ就キ追申書』一八九九年五月四日。宮田憲誠『京急電鉄―明治・大正・昭和の歴史と沿線』JTBパブリッシング、二〇一五年、二五―三五頁も参照。

(3)川崎市編『川崎市史』通史編三近代、同市、一九九五年、八三―八四、一二八―一二九頁。

(4)平山昇『初詣の社会史―鉄道が生んだ娯楽とナショナリズム』東京大学出版会、二〇一五年、第一章。
(5)以上、前掲『川崎市史』通史編三、一三三頁、京浜急行電鉄株式会社編『京浜電気鉄道沿革史』同社、一九四九年、一六―二〇頁（横浜市立図書館デジタルアーカイブ「都市横浜の記憶」）。
(6)吉本尚『京急ダイヤ一〇〇年史―一八九九～一九九九』電気車研究会、一九九九年、八―一〇頁、前掲『京浜急行八十年史』五九頁。
(7)前掲『京浜電気鉄道沿革史』二一―二三頁。〔〕内は筆者による注記（以下、同様）。
(8)前掲『川崎市史』通史編三、一六三―六八頁、前掲『京浜急行八十年史』五六頁。
(9)前掲『川崎市史』通史編三、一六二頁。引用は、『中外商業新報』一九一七年七月二六日。
(10)以上、前掲『川崎市史』通史編三、二〇九―一五、二五九―七〇、三四八―七三頁。
(11)前掲『京浜急行八十年史』六二、七六―七七、一〇八―〇九、四八六頁。
(12)前掲『京浜電気鉄道沿革史』五六―五八頁。前掲『京浜急行八十年史』四八九―九〇頁、も参照。
(13)京浜電鉄は路線の延長に際し、一九〇一年に安田銀行から二〇万円の借り入れを決定。これは同社初の本格的な借入金で、以後京浜は安田との関係を深めました。前掲『京浜急行八十年史』七七頁。
(14)前掲『京浜急行八十年史』四八七―九〇頁、中山貞治「幻の川崎運河の経歴（仮稿其の四）」川崎郷土研究会『川崎研究』第二一号、一九八三年六月。
(15)橘川武郎『日本電力業発展のダイナミズム』名古屋大学出版会、二〇〇四年、第二章。
(16)前掲『京浜急行八十年史』四八七頁。一〇八―一〇、三九八頁も参照。
(17)前掲『京浜電気鉄道沿革史』六二頁。前掲『京浜急行八十年史』一〇九頁も参照。
(18)伊東孝「消えた川崎運河―運河を軸にした工場団地」『土木史研究』第一五号、一九九五年六月。
(19)中山、前掲「幻の川崎運河の経歴（仮稿其の四）」六頁。
(20)京浜電気鉄道株式会社「京浜電鉄川崎住宅地案内」、同「京浜電鉄川崎住宅地明細図」（いずれも

一九二二年六月〜二三年八月頃。発行時期は本社所在地等から推定。名古屋大学大学院経済学研究科附属国際経済政策研究センター情報資料室所蔵）、京浜電気鉄道『営業及決算報告書』一九二二年一一月、三頁、二四年五月、二頁。

(21)『京浜電鉄ニュース』第一号、一九二六年六月一〇日（『都市横浜の記憶』）。

(22) 以上、前掲、『京浜急行八十年史』四九〇頁、前掲『京浜電気鉄道沿革史』三二九―三〇頁、中山、前掲「幻の川崎運河の経歴（仮稿其の四）」、伊東、前掲「消えた川崎運河」。

(23) 以下、断りのない限り、前掲『京浜急行八十年史』一五九―六〇、一六六―六七、三三八頁、宮田、前掲『京急電鉄』一七七頁。

(24) 五島慶太（東京急行電鉄社長）発／八田嘉明（運輸通信大臣）宛「川崎大師日本高炉前間地方鉄道敷設免許申請ニ関スル陳情」一九四三年一二月二七日（『軌道特許・東京急行電鉄・昭和一八〜二一年』綴、国立公文書館所蔵、平一二運輸〇二一一九一〇〇）。

(25) 運輸通信省鉄道総局業務局長・内務省国土局長発／東京急行電鉄株式会社社長宛「川崎工場地帯貨物鉄道敷設に関し通牒」一九四五年二月二三日（前掲『軌道特許・東京急行電鉄』綴）。

第三章　羽田・蒲田・大森
―行楽、空港、高度成長

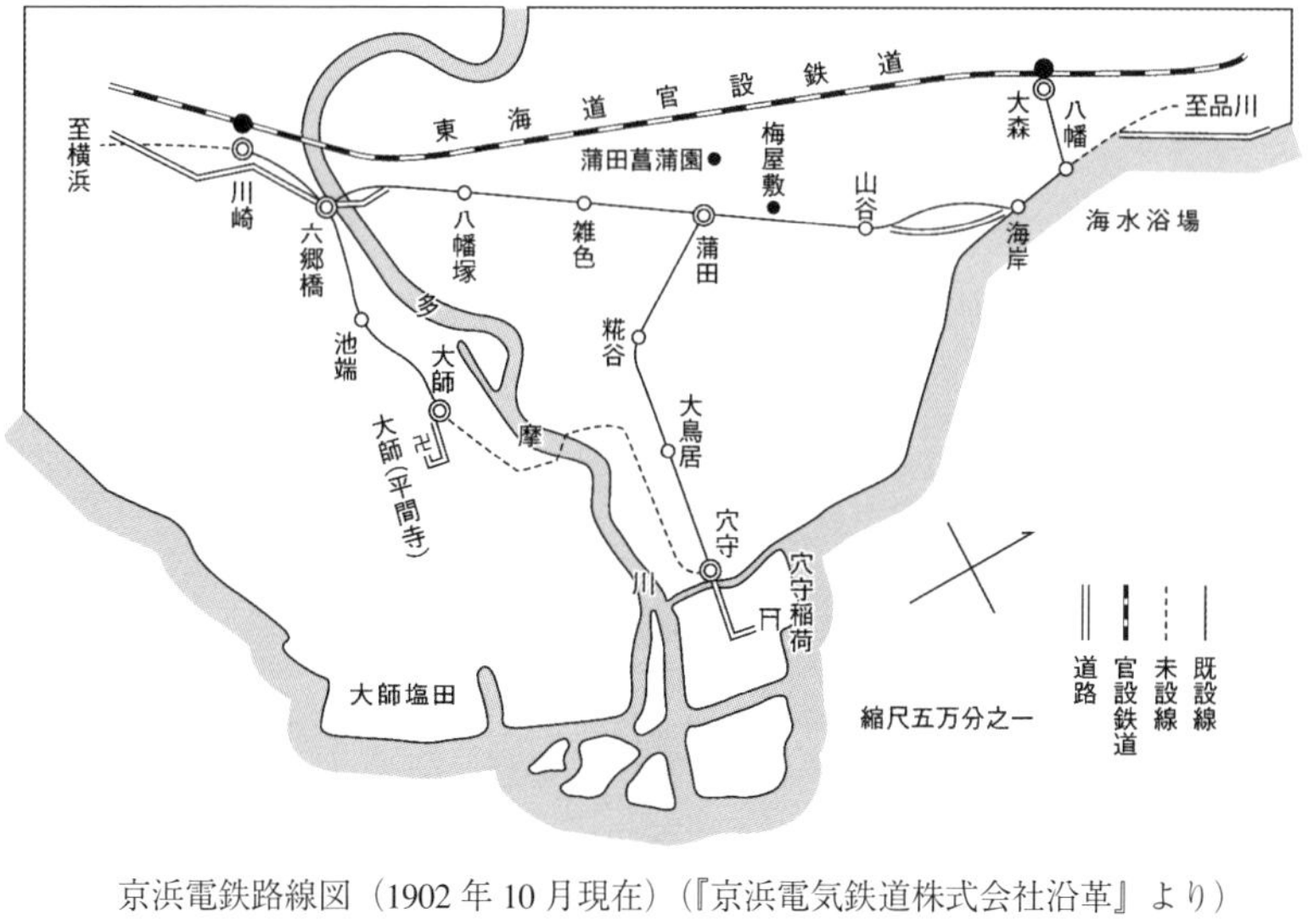

京浜電鉄路線図（1902年10月現在）（『京浜電気鉄道株式会社沿革』より）

大師開通半年前の一八九八年（明治三一）七月、大師電気鉄道は二路線の延長を決定します。一つは、川崎町六郷橋―横浜市弁天橋、もう一つは大師から多摩川対岸の羽田村穴守稲荷まででした。しかし、同年末に京浜間電気鉄道が品川橋―六郷橋の特許を取得しそうな情勢になると、計画は変更されます。京浜間電気鉄道は九三年に雨宮敬次郎らが品川橋―横浜の敷設を出願したもので、大師電気鉄道とは競合路線でした。結局両者は、京浜電気鉄道株式会社として九九年四月二五日に合同し、翌日に六郷橋―品川橋（現、新馬場附近）と大森町字揚場―大森停車場との特許を全線路面電車で出願。一九〇一年二月一日に六郷橋―八幡（現、大森海岸）―大森停車場前（のち大森）の七・八キロメートルがまず開通します。大森では官鉄に接続していました。さらに、〇二年六月二八日に蒲田―穴守の羽田支線（のち穴守線、三・〇キロメートル）が、同年九月一日に六郷橋―川崎（一・〇キロメートル）がそれぞれ開業します[1]。

以上から分かるのは、川崎大師対岸の羽田村までの延伸が当初から構想され、品川や横浜に先立って実現していたことです。なぜ、羽田なのか。空港はまだありません。

参詣と海水浴―穴守稲荷の羽田

京浜電鉄が羽田支線を敷設したのは、「大師に次ぎ参詣人の多い穴守稲荷への交通施設[2]」のためでした[3]。現在の羽田空港敷地内にかつては所在していた穴守稲荷は、一九世紀前半の祠《ほこら》に起源を有するに過ぎず、決して伝統のある神社とはいえません。穴守稲荷一帯は多摩川河口の浅瀬を近世後期に新田開発してつくられた土地で、その堤防にはたびたび穴が開き、海水侵入の危機に見舞われていました。そこで堤防に祠を立てて、穴を守ったわけです。

この小さな祠が評判になり始めたのは一八八五年。つまり明治も一八年経ってからのことでした。新田の名主の娘の病気を狐が治した、と評判になったのです。九四年に鉱泉が発見されると参詣者は一層増加し、大鳥居など神社としての体裁を整えていきます。その社名に因んで、花柳界からの信仰も集めました。もっとも、これらの信仰は自然発生的なものではなく、神社や地元の意図的な努力によるものでしょう。一九〇〇年頃には東京市民の行楽地として定着します。

したがって、京浜電鉄が羽田に注目した理由は、川崎と同様、その参詣客でした。しかも穴守稲荷と川崎大師とを一体的に売り出すことに尽力します。京浜電鉄は「大師、穴守ヲ始メ何レノ場所ニテモ昇降シ得ル便利ナル巡回割引切符[4]」を発売し、大森・蒲田から羽田を経由して川崎大師に至る回遊ルートを盛り上げます。たとえば、当時三井銀行勤務で品川に在住し、のちに阪急東宝グループを率いる小林一三の日記にも、一九〇三年四月のある休日に「八時頃、米谷君を誘ふて汽車［官鉄］で大森まで［大森から京浜］電車で穴守へ遊ぶ、てんぷらで昼飯」ののち、「玉川を船で川崎の大師へ参詣、五時頃帰宅」とあります[5]。小林が天ぷらを食した穴守には、駅から社殿までの間に門前町が形成され、茶店や旅館が並びました。貝料理、張子の達磨、河豚提灯といった〝名物〟が提供され、土製の白狐と供餅とがお供え物として知られるようになります。

だが、それだけではありません。京浜電鉄は穴守稲荷附近に自社の行楽施設も開設することで、一帯の観光開発をさらに進めます。当時、京浜電鉄は川崎大師そばにも遊園地を開設しており、「伝統的な形態の参詣型行楽地に性格の異なる行楽施設が組み合わされることで付加価値をつけてより濃密な行楽空間[6]」を形成する戦略をとったのです。

まず、穴守稲荷北側の干潟を埋め立て、一九〇九年に五ヘクタールの羽田運動場を設置しました。会社、学校等団体の運動会などで利用されることが期待され、一一年にはストックホルム五輪の陸上競技代表者選考会も開催されています。運動場には野球場が併設され、のちにテニスコート、弓道場、土俵、花壇、遊園地も設営されました[7]。また、一一年には運動場そばに海水浴場も開設します。京浜電鉄は〇九年に自社初の海水浴場を大森海岸に開設しており、それに続くものでした。なお、羽田海水浴場の特徴は干潮時は干潟となることです。これは海水浴のできない春季にも潮干狩りでの集客を可能としますが[8]、もちろん夏季にはマイナス要因です。そこで一三年には運動場内に遊泳地を作ります。いつでも泳げるように、というわけです[9]。

行楽から空港へ

しかしながら、一九二〇年代以降、羽田周辺の環境は次第に変化していきます。まず、対岸にある川崎の工業化が進展する過程で、漁業では汚水の被害が報告されるようになりました[10]。また、海に面した平坦な土地である羽田が、飛行場の適地であることも認識されるようになります。三一年八月、立川の東京飛行場が穴守稲荷と海水浴場との北側の新規埋立地へと移転しました[11]。

これらは海水浴場にとって決して良い環境とはいえず、羽田、大森など京浜間の海水浴場は最終的には消滅していくこととなります。三〇年代以降、京浜電鉄が湘南電鉄を通じて三浦半島の海水浴場開発を進めるのは、このことも背景でしょう（第八～九章参照）。

羽田の浄化海水プール（「京浜湘南沿線案内」より）

とはいえ、羽田の海水浴がすぐさま衰退したわけではありません。京浜電鉄は一九三二年に一万人規模の巨大な海の家を開設し、そこにさまざまな工夫を凝らすことで、羽田の行楽地としての価値を維持することにも努めました。陸上遊戯場、余興場、売店などを設けたほか、湘南電鉄の海水浴場が備えていないものとして「温浴場」と「浄化海水プール」とが注目されます。[12]「千人風呂[13]」を謳う温浴場はコンクリート造り・総白タイル張り、男女別で、上水道を利用した真水シャワーで海水を洗い流すことができました。[14]プールは、幅七〇メートル、長さ三〇メートル、水深〇・七五～二メートルで、「東京の中心より僅《わずか》に半時間にして到達し潮の干満に係はらず浄化海水中に遊泳し得る等設備の完全なる他に其の比を見」ない、「東洋一」の設備であることを掲げていました。[15]以前から存在した遊泳地を発展させたものですが、わざわざ海水を「浄化」している点は、周辺海域の水質低下への対応といえるでしょう。また飛行場についても、東京国際飛行場を見学する団体客の「御休憩所」として約三〇〇坪の海の家を提供すると宣伝し、むしろ積極的な活用を試みます[16]。

こうした共存関係が崩壊するのは、一九三七年（昭和一二）に始まる日中戦争以降のことでした。飛行場の拡張が計画されたことを受け、京浜電鉄は三八年二月に運動場用地を逓信省に売却し、プールも埋め立てられました。また海の家の営業も次第に縮小し、四二年頃には海水浴場自体が営業中止に追い込まれます。この間、荏原製作所、日本製鋼所など軍需品を生産する大工場やその下請工場が周辺に進出した結果、穴守稲荷門前の茶店や旅館は工員相手の食堂、寮、社宅などに変貌し、穴守線の乗客も行楽客から通勤客へと変貌します。さらに、敗戦後の四五年九月、占領軍の飛行場拡張に伴い、稲荷は付近の住宅ともども強制撤去させられ、現在地に移転しました。穴守一帯は行楽地としての性格を完全に失い、空港へと変貌したのです[17]。

強制移転の際には穴守線稲荷橋―穴守が営業休止に追い込まれるとともに、穴守線の全区間が単線化されました。残り一線は狭軌化のうえ占領軍に接収され、国鉄蒲田駅に接続します。飛行場拡張の資材輸送を担いました。

京急はサンフランシスコ講和条約発効後の一九五二年一一月に穴守線の複線営業を再開。五六年四月に羽田空港駅まで延伸し、六三年一一月に穴守線を空港線に改称します。が、この羽田空港駅は空港ターミナルまで二キロあり、空港への主要アクセスを担ったのは六四年開業の東京モノレールでした。運輸省の羽田空港整備基本計画を背景として、京急の羽田空港乗り入れが認められるのはようやく八五年、その実現は九三年四月一日からのことです[18]。

海苔とキネマと機械

一九三二年一〇月、大森町ほか四町が大森区として、また羽田町、蒲田町ほか二町が蒲田区として、それぞれ東京市に編入されました。この両区が四七年に合併したのが大田区で、世界有数の中小機械工業の街として知られています。ですが、現大田区域の工業化は多摩川対岸の川崎よりも遅く、二〇年代以降のことでした。関東大震災を機として、耕地整理や東京市中心部からの工場移転が進展した結果です。軍需生産が急増した日中戦争期には「職工黄金時代」と報じられるまでの活況を呈し、花街も職工で賑わいました[19]。

大森・蒲田両区は空襲で甚大な被害を受けましたが、一九五〇年の朝鮮戦争によって始まる特需（在日米軍等が外貨払いで行なう日本国内での物資・サービスの調達）などを機に復興を遂げます。特需によって大田区の「工業界は技術面や品質管理の面で厳しい修練を受け、世界に通用し、世界に誇りうる大田区工業の出発点の一つにな[20]」ったと大田区産業振興課は記しています。五〇年代半ば以降、日本は国内の民需に大きく依拠して高度成長を遂げますが、その技術は軍需とも決して無縁ではありませんでした。

また臨海部でも、京浜運河を中心とする臨海用地の浚渫・造成が一九三九年に開始され、東京

大森海岸の海苔とり（1955年）（読売新聞社提供）

港の整備が進みます[21]。

大森・蒲田一帯の工業化は、一方で他の産業の衰退ももたらしました。代表的なものを二つ紹介しましょう。一つ目は映画製作です。一九二〇年六月、国鉄と京浜電鉄とに挟まれた蒲田の土地に松竹キネマ蒲田撮影所が設立されました。「東洋のハリウッド」を目指す蒲田撮影所は庶民の日常生活をあたたかく描く蒲田調を確立し、小津安二郎らを輩出しますが、トーキー製作が本格化する一方で工場の煤煙・騒音や飛行機の発着音が増大したため、撮影は次第に困難を増していきます。撮影所そばに位置する新潟鐵工所の騒音はとくに影響を与えたようです。三六年一月、松竹は早くも大船に撮影所を完全移転しました。「キネマの天地」（蒲田行進曲）は一五年半で過去のものとなったのです[22]。

二つ目は漁業。京浜電鉄が海水浴場を開設した大森・羽田は海苔養殖の中心地でもありましたが、先述のように一九二〇年代には汚水の被害が問題になり始めます。三九年に開始された京浜運河建設によって漁場自体も狭められました。こうした動きに対して漁業者は、養殖技術の改良や抗議活動によって抵抗を続けます。東京都の海苔生産高は五八年でもまだ全国第二位を誇っていました。キネマと違って逃げ場のない漁民たちは、臨海開発に粘り強く抵抗したといえるでしょう。しかし、東京都の埋立計画が本格化するとともに水質汚濁が一層深刻化していた六二年、大森をはじめとする東京都の内湾漁業者は補償金の増額と引き換えに漁業権を全面放棄するに至ります。養殖で利用されていた大田区内の海苔干し場の多くは工場用地に転換しました。[23]

産業集積と新宗教──大田区と創価学会

大田区のように「地理的に接近した特定の地域内に多数の企業が立地するとともに、各企業が受発注取引や情報交流、連携等の企業間関係を生じている状態のことを産業集積と呼」びます。[24]近接した多数の企業が日常的な交流関係を構築することで、一社だけでは不可能な需要にも助け合いつつ柔軟に対応したり、市場開拓や製品開発を協力して行なうことが可能となるのです。[25]

産業集積の効果については、企業同士の日常的なやり取りに加えて、業界団体の役割も注目されます。たとえば、一九五九年発足の大田工業連合会は他府県中卒者を対象とする集団求人を六一年に始めました。[26]そして、この求人に応じた中卒者は、就職列車に乗り合わせて東京に着いた後、集団求人に参加した工場や店舗へと配置されます。これがいわゆる集団就職で、大量の労働者確保が大企業と比べて困難な大都市の中小工場・自営業者が、職業安定所の支援を得つつ一まとまりになることで、農山漁村の年少労働者を効率的に獲得しようとしたのです[27]。また、敗戦間もない四六年六月に京浜蒲田駅そばに設立された蒲田工業会（四九年から蒲田工業協同組合[28]）も、社会保険の業務などを行ないました。

その蒲田工業会に一九四七年、ある男性が就職しました。のちの創価学会第三代会長、池田大作（一九二八―）です。池田の生家は大森の貧しい海苔業者で、池田が二歳の時に羽田に移転しました。四〇年に高等小学校に進学して以降の池田は、「午前二、三時に起床し、四時まで海苔張り、それから朝刊配達、登校。学校から戻ると乾いた海苔をはがし、夕刊配達。夜は海苔についているゴミを取[29]」る生活だったと伝えられています。その後四二年に、かつて蒲田撮影所移転の要因にもなった新潟鐵工所に就職し、海軍向けの内燃機関や特攻兵器の製作に携わりました。敗戦後、曲折を経て蒲田工業会へと至り、事務員書記として勤務します[30]。池田の半生は、大田区における海苔とキネマとから機械への移り変わりを体現していました。

蒲田工業会への就職まもなく、池田は創価学会に入信します。そして一九五五年以降、創価学会は戸田城聖（一九〇〇―五八。五一年から第二代会長）、池田の指導下で政界進出に取り組んでいく。大田区はその成功例でもありました。五五年四月の都議会議員選挙では支援候補が大田区でトップ当選を果たし、同月の区議選でもトップ当選を含む候補者三名全員が当選します[31]。創価学会を支持母体とする公明党が躍進した六〇年代後半の総選挙結果を首都圏についてみると、大田区を含む東京二区（ほか品川区と島しょ部）は、同六区（隅田、江東、荒川各区）や同一〇区

（足立、葛飾、江戸川各区）と並んで公明党のとりわけ強い選挙区でした[32]。

創価学会は一九六〇年代に急拡大しており、その会員には、敗戦後に農村から都市部へと流入し、かつ大企業での安定的な生活を得られなかった人たちが多いといわれています。つまり、創価学会の成長は日本の高度成長が急速な農山漁村の過疎化と都市の過密化とを伴いつつ進んだことを背景としており、高度成長を文字通り現場で支えていた人たちを惹きつけることによって可能になったのです[33]。海苔から機械へと産業構造を転換し、集団就職も通じて世界的な産業集積地帯へと発展し、そして公明党、創価学会の地盤にもなった大森・蒲田の京急沿線一帯は、まさに日本の高度成長を象徴する地域でした。

【註】

(1)京浜電気鉄道株式会社『京浜電気鉄道株式会社沿革』同社、一九〇二年、一六―一七頁（国立国会図書館デジタルコレクション、http://dl.ndl.go.jp/）、京浜急行電鉄株式会社編『京浜急行八十年史』同社、一九八〇年、六五―六七、七四―七六、八二―八三、三三七、三六五頁。なお、八幡―大森は一九〇四年の品川延伸後支線化され、三七年に廃止されました。

(2)京浜急行電鉄株式会社編『京浜電気鉄道沿革史』同社、一九四九年、三四頁（横浜市立図書館デジタルアーカイブ「都市横浜の記憶」）。

(3)以下、本節は断りのない限り、鈴木勇一郎「郊外行楽地の盛衰」奥須磨子・羽田博昭編著『都市と娯楽』日本経済評論社、二〇〇四年。

(4)前掲『京浜電気鉄道株式会社沿革』二五頁。
(5)鈴木、前掲「郊外行楽地の盛衰」二二七頁。
(6)鈴木、前掲「郊外行楽地の盛衰」二三四頁。
(7)大田区史編さん委員会編『大田の史話』その二、東京都大田区、一九八八年、三二三頁、遅塚麗水編『京浜遊覧案内』京浜電気鉄道、一九一〇年、三六頁(『都市横浜の記憶』)。
(8)京浜電気鉄道「さくら狩御案内、潮干狩御案内」一九三二年二月(『都市横浜の記憶』)。
(9)京浜急行電鉄株式会社編『京急グループ一一〇年史—最近の一〇年(一九九八年〜二〇〇八年)』同社、二〇〇八年、一八—一九頁。
(10)東京都内湾漁業興亡史編集委員会編『東京都内湾漁業興亡史』東京都内湾漁業興亡史刊行会、一九七一年、四九四—九五頁。
(11)鈴木、前掲「郊外行楽地の盛衰」二三八頁、前掲『大田の史話』その二、三四六—五一頁。
(12)前掲『京急グループ一一〇年史』二三頁。湘南電気鉄道「静かな海」一九三二年(名古屋大学大学院経済学研究科附属国際経済政策センター情報資料室所蔵)も参照。
(13)京浜電気鉄道・湘南電気鉄道「京浜湘南沿線案内」一九三四年(『都市横浜の記憶』)。
(14)馬場信行「明治後期から昭和初期の京浜電気鉄道による羽田穴守海水浴場施設の運営実態及び集客戦略の研究」『都市計画論文集』第五二巻第三号、二〇一七年一〇月。
(15)前掲「京浜湘南沿線案内」。
(16)前掲「狩御案内、潮干狩御案内」。
(17)馬場、前掲「明治後期から昭和初期の京浜電気鉄道による羽田穴守海水浴場施設の運営実態及び集客戦略の研究」、鈴木、前掲「郊外行楽地の盛衰」二三八頁、前掲『大田の史話』その二、三二八—二九頁、前掲『京急グループ一一〇年史』二四—二九頁。なお、大鳥居だけはそのまま飛行場内に残され、移転は一九九九年のことでした。
(18)前掲『京急グループ一一〇年史』三〇―五一頁、吉村光夫『京浜急行』保育社カラーブックス、一九八二年、六八―六九頁。
(19)庄司俊作「階級社会と格差・貧困」同志社大学『人文研ブックレット』二〇一八年三月、七〇―七七頁。引用は、『朝日新聞』一九三八年四月一二日。
(20)大田区産業経済部産業振興課・大田区産業振興協会『大田区工業ガイド』二〇一一年、五―六頁。
(21)大田区史編さん委員会編『大田区史』下、東京都大田区、一九九六年、四七八―七九頁。
(22)前掲『大田の史話』その二、三七六―八九頁、前掲『大田区史』下、三六六―六八、五一七頁。
(23)前掲『東京都内湾漁業興亡史』一六六―六八、二四四―四五、二七四―七五前掲『大田区史』下、四七一―七九頁、前掲『大田区工業ガイド』七頁。
(24)中小企業庁編『中小企業白書』二〇〇六年版、ぎょうせい、一三五頁。
(25)高岡美佳「産業集積」『土地制度史学』第一六二号、一九九九年一月。
(26)前掲『大田区工業ガイド』七頁、前掲『大田区史』下、八四九―五一頁。
(27)加瀬和俊『集団就職の時代―高度成長のにない手たち』青木書店、一九九七年。
(28)蒲田工業協同組合ウェブサイト（二〇一八年二月二八日閲覧、http://kamakou.jp/）
(29)溝口敦『池田大作『権力者』の構造』講談社＋α文庫、二〇〇五年、三二頁。
(30)以上、溝口、前掲『池田大作『権力者』の構造』第一章、池田大作『私の履歴書』日本経済新聞社、一九七五年、一一―七一頁。
(31)溝口、前掲『池田大作『権力者』の構造』七三―七五頁、前掲『大田区史』下、七七六―七七頁。
(32)杉森康二『研究・創価学会』自由社、一九七六年、一一七頁。
(33)杉森、前掲『研究・創価学会』第四章、加瀬、前掲『集団就職の時代』二〇八―一〇頁、浅山太一

『内側から見る創価学会と公明党』ディスカヴァー携書、二〇一七年、第一章。なお一九七〇年代前半に躍進した日本共産党については、新中間階級が移り住んだ多摩地域でとくに勢力を拡大したことが指摘されています。原武史『レッドアローとスターハウス―もうひとつの戦後思想史』新潮社、二〇一二年（新潮文庫、二〇一五年、六―八頁）。

第四章　品川──帝都直通の夢

相互乗り入れの祝賀電車（1968 年 6 月 20 日）
（読売新聞社提供）

京浜電鉄が川崎大師と穴守稲荷とへの参詣を基盤にして事業を始動したことは、前章までにみました。が、遊覧客頼みの経営は不安定性を伴います。曜日、季節や天候によって乗客数が左右されるからです。一九〇四年（明治三七）五月八日に実現した品川延伸（八幡―品川〔五・二キロメートル〕開業）の動機には、この状況を打破することへの期待がありました。「実ニ帝都ヲ控ヘタル首脳ヲ備ヘタル交通機関トナリ単ニ…（中略）…神社仏閣ニ来遊スル乗客ヲ顧ルニ止ラ」ない経営基盤を作れるのではないか、と。とはいえ、品川は東京市の中心部からはまだ距離があります。実際、品川開通翌年である〇五年一〇月の総乗車人員二七・六万人のうち一二・七万人は、池上本門寺会式と品川沖観艦式との乗客で占められていました[1]。安定した乗客を獲得するには、中心部にもっと食い込む必要があります。

八ツ山橋の境界

しかも、そもその問題として、当時の京浜電鉄品川駅は官鉄品川駅と接続してはおらず、かつ東京市内に入れてすらいませんでした。官鉄の駅が東京市芝区（現、港区）高輪の埋立地に設置されていたのに対し、京浜電鉄の駅は高輪の南に位置する荏原郡品川町（現、品川区東部）に所在していたからです。官鉄の線路を跨ぐために品川駅の南に架けられた八ツ山橋の上が、東京市と品川町との境界でした。なお、八ツ山橋を挟んで高輪の対岸にあるのが、品川宿です。東海道最初の宿場町で遊郭も兼ね備えた品川宿は、京浜電鉄の品川―青物横丁間に広がっていました。

一九〇一年に京浜電鉄が品川延伸を出願した際、その区間は品川橋（現、新馬場附近）―官鉄品川停車場でした。しかし、東京市では、一九〇〇年に東京馬車鉄道など民間三社に路面電車の特許がようやく下りたばかりで、新規の許可は適わず。結局、区間を品川橋―品川鉄橋（八ツ山橋）に短縮して再度出願し、八ツ山橋そばに品川駅を設置したのです。この品川駅は現在の北品川駅付近で、八ツ山停留所と通称されていました。

事態打開に向けて京浜が注目したのが東京電車鉄道です。同社は東京馬車鉄道が改名したもので、一九〇三年から新橋―八ツ山で路面電車を運行していました（のち〇六年に企業合同で東京鉄道となり、一一年に東京市電）。この東京電車鉄道への乗り入れを通じて、高輪への接続を実現しようと考えたのです。そこで京浜電鉄は、東京電車鉄道が採用していた馬車軌（一三七二ミリメートル）への改軌（線路幅の変更）を〇三年に申請。〇四年三月一日竣工しました。線路幅を標準軌（一四三五ミリメートル）からわざわざ狭くしたのです。

だが、まだ厄介なことがあります。京浜電鉄の八ツ山停留所が橋の南側だったのに対し、東京電車鉄道のそれは橋の北側にありました。なので、せっかく馬車軌にしても線路はつながっておらず、乗り換えには八ツ山橋を徒歩で渡る必要があった。[(2)]むろん、乗り換えに限らず、東京市民が品川宿で遊ぶにも同様です。作家の獅子文六（一八九三―一九六九）は以下のように回想しています。「[東京市電の]終点が八ツ山だったことは、大いに意識を持ったのである。夜の乗客で、八ツ山で降りる人の三割は、品川遊郭が目的だったろう。陸橋を渡れば、すぐ品川宿で、街道の両側に、古風な娼屋が軒を列べた。吉原のような大廈高楼がない代りに、気の置けない遊びができたらしく、女郎衆の気風も寛達で、落語の〝品川心中〟なぞ、他の場所では不似合いだろう」[3]。

近世後期の品川は「東都の喉口」とも称され、江戸府内でありながら町奉行所の支配を受けない地域でした。しかも歓楽街です。このため、品川は江戸とその外部との境界域として認識されており、同様のイメージは近代以降もすぐには消滅しなかったといわれています[4]。文六の回想はまさにその一例で、京浜電鉄もこの境界を突破できずにいたのです。

品川乗り入れから都心直通へ

京浜電鉄に境界を越えるチャンスを最初に与えたのは、当時の国鉄を所管する鉄道院が八ツ山橋の架け替えを計画したことです。京浜電鉄はこれに相乗りして費用の三分の一強を負担し、新設する橋の中央部に軌道を敷設。一四年に完成しました。しかし、その後も東京市電との交渉は難航します。市電が八ツ山橋を渡るのがようやく二二年、高輪までの京浜電鉄乗入れは二五年三月一一日のことでした。これにあわせて京浜の品川駅は北品川に改称され、高輪には京浜電鉄専用の駅（高輪ビルディング）も建設されます。

しかし、この高輪駅は僅か八年で終わり、京浜電鉄の本社と貸店舗とに転用されました。高輪乗入時には京浜電鉄の高速化、つまり路面電車からの脱却が既に進展しており（第五章参照）、低

京浜品川駅と京浜デパート（「京浜湘南沿線案内」より）

速で路上を走行する市電に接続するよりも高架線で国鉄品川駅に直接乗り入れる方が、乗客確保などの点でよいと判断されたからです。この乗り入れ計画は一九二九年に出願され、三三年四月一日開通。現在の品川駅の基礎がようやく作られました。これと同時に、標準軌への再改軌と湘南電鉄浦賀駅までの直通も実現します（第六章参照）[5]。

とはいえ、ここまでの話はあくまでも境界を越えただけ。東京市中心部に食い込むのはまだこれからです。実際、京浜電鉄の八ツ山橋建設は、同社の青山線延長計画の一環でした。青山線は一九〇七年（明治四〇）に品川から渋谷村青山南町までの延長を申請したもので、東京市と郡部との境界線に沿って路線が計画されています（のち千駄ヶ谷までの延伸も計画）。品川以外の要所でも市内の路面電車と連絡することで、状況を改善しようとしたのです。

結局、青山線は高輪乗り入れが実現するにとどまり、残り区間は一九二八年までに順次失効しました[6]。これに並行して京浜電鉄がむしろ力を入れたのは、地下鉄での乗り入れです。きっかけは二三年九月一日の関東大震災でした。当時、東京市内では浅草―品川（高輪南町）の地下鉄免許を一九年に既に取得していた東京地下鉄道が着工準備を進めており、震災後は同社以外からも様々な地下鉄構想が帝都復興計画に関連付けて提出されていました[7]。京浜電鉄もこの状況に参入したのです。震災直後の九月一七日、京浜電鉄は乗入線の実現を関係大臣に依頼し、ついで一〇月に高輪―大手町（七・四キロメートル）の免許を申請します。その大部分が地下式でした。社長の青木正太郎は、「幸カ不幸カ此大震災ニナリ…（略）…此機ヲ逸スル勿レ」と同年末の株主総会で率直に発言しています[8]。

京浜電鉄はこの計画の意義を「市内ノ枢要ナル市街地ヲ横断シテ帝都ノ最中心ナル大手町ニ至ル布設ニシテ専ラ繁劇ナル交通路ニ便スル」と強調しました[9]。まさに悲願を叶えようとしたわけです。しかし東京府は、「敷設区間ニハ現在相当ノ已設交通機関アルノミナラズ東京市ニ於テモ目下高速線ヲ敷設計画中」との理由から同意せず、頓挫します[10]。同時期には他にもいくつか構想があったものの、何れも実現しませんでした。

しかしながら、東京地下鉄道が一九二七～三四年にかけて浅草―新橋（現在の銀座線の一部）を開業すると、それとの乗り入れが本格的に画策されます。東京地下鉄道は新橋―品川の建設資金不足に悩んでおり、これを京浜電鉄・湘南電鉄両社と東京地下鉄道との共同出資によって実現することを目論みました。こうして三七年三月に設立されたのが京浜地下鉄道で、将来的には出資三社等での合併も構想されていました。浅草―品川―横浜―浦賀の直通運転が計画されたのです。が、これも四〇年五月に東京地下鉄道が帝都高速度交通営団（いわゆる営団地下鉄）に吸収されて挫折。[11]また、敗戦後の四七年六月以降、今度は戦災後の「帝都復興」に関連づけた計画を京急は度々提出しますが、これも進捗しません。[12]

結局、京急を含めた私鉄の都心乗り入れが初めて可能となるのは、一九五六年に都市交通審議会が地下鉄と郊外私鉄との相互乗り入れを都市交通対策として答申してからのことでした。五七年六月に京急、東京都、京成電鉄によって都心乗入三者協議会が結成。六八年六月二一日、都営一号線（現、浅草線）との相互乗り入れがようやく実現します。京急の東京側終点は品川から一・二キロメートル先の泉岳寺になりました。また、相互乗り入れ用に京急が新造したのが、長年活躍してきた旧一〇〇〇形です。[13]

ターミナルデパートと京浜工業地帯

このように何とも時間がかかったのですが、それでも京浜電鉄は郊外からの都心直接乗り入れを戦前期に成功させたほとんど唯一の私鉄であり、高度成長期以降の相互乗り入れの先駆として評価されています。[14]東京進出に関連してもう一つ注目されるのが、国鉄品川駅接続と同じ一九三三年（昭和八）に創設された京浜デパート（現在の京急ストアの前身）です。京浜電鉄品川駅の地上一階と地下一階とを利用して七月二〇日に開業しました。ちなみに駅は三階建てで、二階は駅舎、三階はビリヤード場に貸し出されています。[15]ターミナルデパートは元来、私鉄の始

京浜デパートの味の席（『京浜デパート大観』より）

発駅ビルを活用した百貨店で、二九年に梅田駅に開業した阪急百貨店が日本初。東京では京浜デパートが松屋浅草支店に次いで二番目でした。

阪急百貨店が電鉄会社直営による百貨店の嚆矢なのに対し、京浜デパートの特徴は白木屋と京浜電鉄との業務提携で設立された点にあります。白木屋は三越、松屋などとともに近世来の呉服商が明治後期以降に百貨店化したグループの一角で、分店を積極的に開設する方針を取っていました。この一環として京浜電鉄品川駅での店舗開設を決め、同業他社に競り勝って内定を得ます。しかし、百貨店協会が支店・分店の新設を当分控えることを含んだ自制協定案を発表したため、白木屋の出店は頓挫。結局、白木屋の分店部長であった児島明が京浜電鉄との交渉を経て、資本金一〇万円で株式会社京浜デパートを設立することとなりました。役員は白木屋、京浜電鉄両社から派遣されています。呉服系百貨店の白木屋のノウハウとターミナルである品川駅の「地の利」とが融合したといえます[16]。

京浜デパートは、食料品、雑貨（婦人用品、文房具、玩具など）、呉服、家庭用品、古書の各売場のほか、食堂、美容室、理髪室、写真室を備えていました。販売方針は高級商品よりも「実需品」に中心をおき、通勤客のみならず「家庭経済」の「利益」を重視する「主婦」たちの来客を増やすことを重視します。ただし、「善良なパパが愛児へのお土産用に高級な玩具、殊に科学玩具の売れる事は驚異的」ともいわれ、教育投資に余裕のある層が多く来店していたことも窺えます。食堂には大食堂、「支那料理屋」に加えて、「味の席」なるものがありました。「五十坪を領する中央に有りとあらゆる和菓子の粋が蒐められ、その周囲を数室に分けて檜の屋根の好ましい茶店が設けられ、本格的に茶を学んだみめよき少女の手で立てられる抹茶や玉露に和菓子の味を楽しむ」のがコンセプトとのこと。

京浜デパートは白木屋の積極的な分店政策も継承し、池袋、高田馬場のほか蒲田、川崎、鶴見の沿線各地に分店を開設します。そして、一九三七年上期には三越と同等の一割配当を実現するまでに成長しました[17]。

こうした成長の要因には白木屋のノウハウを継承した経営陣や従業員の努力があったことでしょう。と同時に、努力が開花するのに必要な土壌が備わっていたことも見逃せません。京浜デパートの営業課長は、自社が成長した背景を以下のように語ります。「京浜工業地帯が生産力拡充に伴つて、北九州工業地帯に比肩し得る重工業地帯として発展すると共に、当店も一路発展への道を辿つたのです。支那事変［日中戦争］の勃発により、沿線は軍需工業躍進譜を奏でつゝありますが、その咽喉を扼して品川が更に飛躍するに至つたのであります[18]」。

近世後期には品川宿が「東都の喉口」だったわけですが、今度は品川駅が京浜工業地帯の「咽喉」として語られているのが何とも興味深い。京浜デパートが分店を設置した蒲田、川崎、鶴見といった京浜間の工業地帯が、中国大陸侵略を背景とする軍需生産を伴いつつ一九三〇年代に発展を遂げていったことが、京浜デパート躍進の背景でした。京浜工業地帯は地元の海水浴場を最終的には消滅させると同時に、デパートを成長させたのです。

さて、デパート分店網のうち川崎、蒲田はすでにみてきました。次章では川崎から南へと転じ、もう一つの分店の地、鶴見に注目します。

【註】

(1)京浜急行電鉄株式会社編『京浜急行八十年史』同社、一九八〇年、八六―八七頁。引用は「明治三七年度後期営業報告書」。

(2)以上、前掲『京浜急行八十年史』七九―八二、九六頁、吉本尚『京急ダイヤ一〇〇年史―一八九九～一九九九』電気車研究会、一九九九年、一五―二一頁、鈴木勇一郎「東京における都市交通の成立と再構成」老川慶喜編著『両大戦間期の都市交通と運輸』日本経済評論社、二〇一〇年。

(3)獅子文六『ちんちん電車』一九六六年、朝日新聞社（河出文庫、二〇〇六年、三三―三四頁）。

(4)橋本章彦「ゴジラはなぜ品川から上陸するのか―主として江戸時代の資料によって品川の境界性を論ず」『京都精華大学紀要』第四六号、二〇一五年三月。

(5)以上、宮田、前掲『京急電鉄』五七―七三頁、前掲『京浜急行八十年史』八九―九〇、九六、一二四―一二六頁。

(6)前掲『京浜急行八十年史』八七頁、宮田、前掲『京急電鉄』五七—六四頁。
(7)東京地下鉄道株式会社編『東京地下鉄道史』乾、同社、一九三四年、二九四—九七頁。
(8)前掲『京浜急行八十年史』一〇六頁。
(9)京浜電気鉄道株式会社「地方鉄道免許申請書」一九二四年二月一八日(国立公文書館所蔵「鉄道省文書」『京浜電気鉄道』巻一、平一二運輸〇一八二三二〇〇)。
(10)宇佐美勝夫(東京府知事)発/仙石貢(鉄道大臣)宛「京浜電気鉄道高輪大手町間地方鉄道敷設免許申請ニ関スル件」一九二四年九月三日(前掲『京浜電気鉄道』巻一)。
(11)宮田、前掲『京急電鉄』一九七—九八頁、前掲『京浜急行八十年史』一四三—四五頁、小風秀雅「戦間期における京浜電鉄の路線拡張戦略—東京横浜電鉄との競合を軸として」『市史研究よこはま』第五号、一九九一年三月。
(12)京浜急行電鉄企画調査室『京浜電鉄及湘南電鉄が曽て都心乗入を計画した記録の蒐集』一九五六年頃(『国鉄三崎線関係綴　昭三二』神奈川県立公文書館所蔵、二二〇〇四一八一四三)。
(13)前掲『京浜急行八十年史』一八三—八五、一九六—九九頁。
(14)小風、前掲「戦間期における京浜電鉄の路線拡張戦略」。
(15)京浜急行電鉄株式会社編『京浜電気鉄道沿革史』同社、一九四九年、八二頁(横浜市立図書館デジタルアーカイブ「都市横浜の記憶」)。
(16)以上、末田智樹「京浜デパートが戦前期の品川駅に立地して飛躍した秘密」『社史で見る日本経済史』七〇、ゆまに書房、二〇一四年。
(17)以上、小松徹三編『京浜デパート大観—開店満五周年記念』百貨店日日新聞社、一九三八年、六〇—八八、一三七—三八頁(前掲『社史で見る日本経済史』七〇)。ただし、川崎店は地元小売業の反対運動によりすぐに閉鎖されました。また、池袋店はのちに西武百貨店池袋本店となります。末田、前掲

「京浜デパートが戦前期の品川駅に立地して飛躍した秘密」。

(18)高井信雄「統制経済下に処して」前掲『京浜デパート大観』九七頁。

第五章　鶴見〜新子安
—生活と生産との相剋

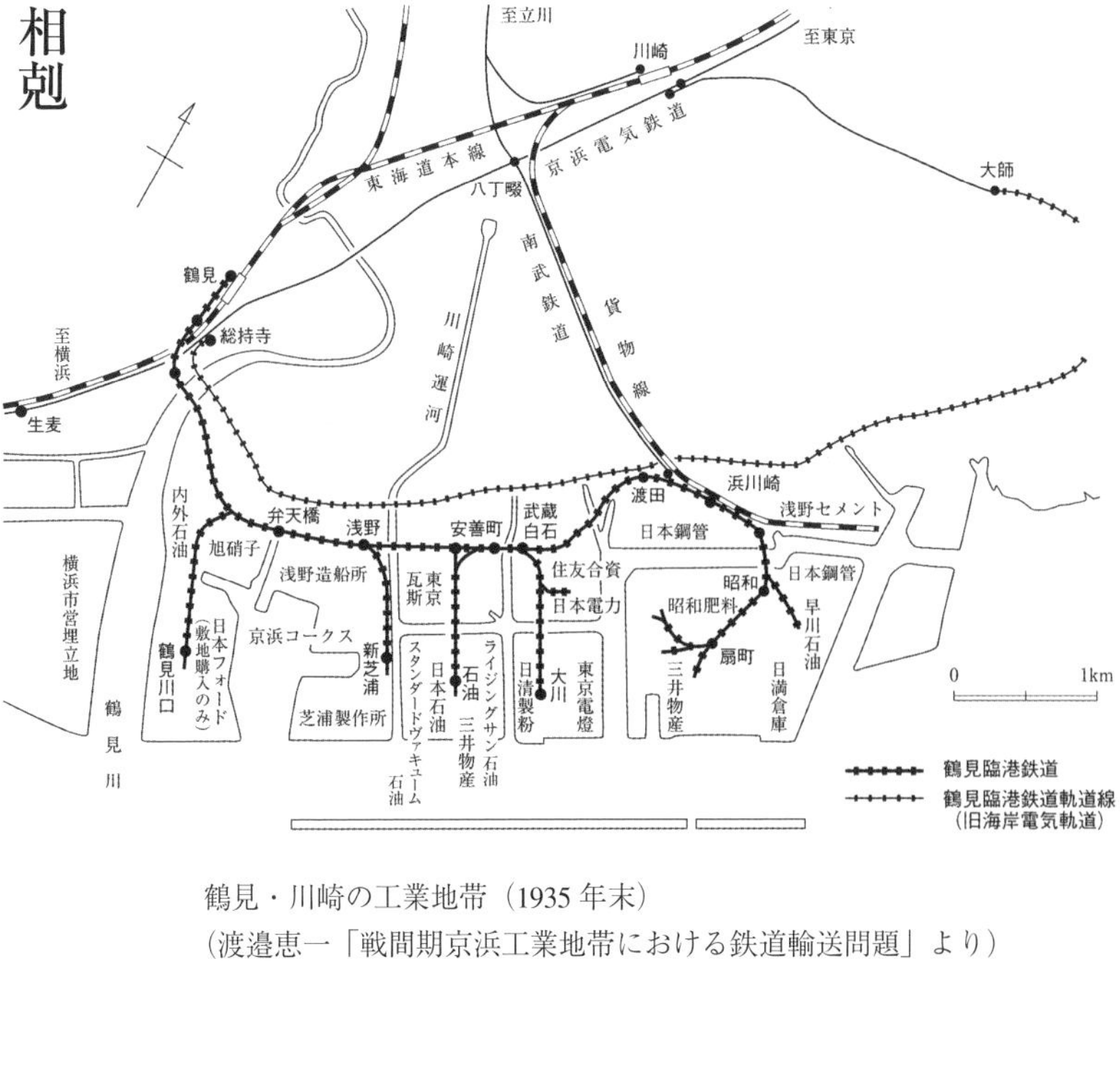

鶴見・川崎の工業地帯（1935年末）
（渡邉恵一「戦間期京浜工業地帯における鉄道輸送問題」より）

品川開通翌年の一九〇五年（明治三八）一二月二四日、川崎—神奈川（九・九キロメートル）が開業しました。品川同様、横浜市中心部に入るには神奈川にて横浜電気鉄道（二一年から横浜市電）への乗り換えが必要でしたが、京浜間直通運転を一応達成。以後は品川—神奈川が京浜本線となります。同時期には、本線の全線複線化・専用軌道化（道路以外の専用地に線路を敷くこと。つまり路面電車からの脱却）などによる高速運転も計画され、一部区間を残して〇六年に完成しました。[1]

しかし、京浜間の直通は官鉄（国鉄）を本気にさせます。

国鉄対京浜

京浜電鉄の品川開通当初、並行路線の官鉄は目立った対応を取っていませんでした。[2]が、京浜の神奈川延伸に合わせた一九〇五年一二月二七日、官鉄は新橋—横浜[3]で急行列車の営業運転を開始します。所要時間は二七分（同区間の普通列車は五五～六〇分）で、京浜が品川—神奈川を五五分で結んだのに比べて半分以下になりました。もっとも、この急行は新橋・横浜両駅を各々一日二本発車するにとどまっており、京浜電鉄にはあまり影響を与えていません。京浜の品川—神奈川直通によって、官鉄の品川発横浜行の乗客は半分以下に減少したと官鉄は推計しています。

このため官鉄（国鉄）の攻勢はつづき、一九〇七年一一月には「労働列車」と名付けた指定列車運賃割引制度を実施します。これは特定の列車（一日二七・五往復）を乗車した場合に限り往復運賃を割り引くもので、従来六一銭であった新橋—横浜往復運賃は四一銭に値下げされました。京浜電鉄を利用した場合は、品川・神奈川両端での路面電車への乗り換えを含めて往復五一銭ですから、京浜間の直通客は国鉄に流れます。[4] さらに一一年に国鉄は京浜間での電車運転を計画し、一五年から東京—横浜（高島町）で本格的に運用します。国鉄は同区間を一五分毎に四九分で結び、三等往復運賃は五二銭。一方の京浜は品川—神奈川が七分間隔で五〇分。運賃は往復四六銭ですが、横浜市内での乗り換えを含むと往復五四銭でした。この結果、京浜電鉄の品川—神奈川直通客は〇七年の一五〇万人から一七年には三七万人へと激減します。

砂浜のない海水浴—新子安

もっとも、京浜電鉄も国鉄の攻勢を傍観していたわけではありません。延伸した鶴見、子安地域も含めて、行楽地の開発を積極的に進めます。まず、京浜はこれまでも穴守・大師の周遊券を発売していましたが（第三章参照）、これに鶴見総持寺を加えた回遊券を発売します。官鉄は一九〇六年の元日に新橋—川崎を五割引きで運行するなど初詣客でも京浜に挑戦しており、これへの反撃といえるでしょう。同じく鶴見では、一九一四年に開園した遊園地の鶴見花月園と協定を結んで花月園前駅を設置し、京浜電鉄利用客の割引を実施します。[5]

また、鶴見と横浜との間の子安町（一九一一年に横浜市に編入）に設置された行楽施設に、新子安海水浴場がありました。これは一〇年七月に荒井瀧蔵なる人物らが京浜電鉄重役の守屋此助が

人雪崩れ（新子安海水浴場）（横浜市中央図書館所蔵「絵葉書」）

所有する土地を利用し、京浜電鉄や新聞社（報知社と東京毎日新聞社）の協力を得て開設したものです。開設に先立つ一〇年三月には地元の田辺市太郎が所有地を京浜電鉄に寄付し、新子安駅が設置され、これが最寄り駅となります[6]。

新子安一帯は元来、遠浅で砂浜が広がる場所でした[7]。が、新子安海水浴場が面白いのは、自然海岸ではなく直近にそれを埋め立てた場所に設営された点です。用地を提供した守屋は京浜電鉄重役の他にも各種企業の社長・重役や弁護士、衆議院議員を務めた実業家兼政治家で、一九〇六〜〇九年に子安町地先五〇ヘクタールの埋立も実施していました。新子安海水浴場が設けられたのは、のち一八年に守屋町と名付けられるこの埋立地の海側の一角です。そのため海水浴場に砂浜はなく、利用客は岸壁を階段で降りて海に入りました（写真参照）。干潮時は潮干狩りが可能なため、当時は酒屋の店頭でも熊手が販売されていたと伝えられています。

水道のない住宅地―生麦

もっとも、そもそも京浜電鉄が東京市内乗り入れにこだわった理由は、行楽客頼みから脱却するためでした（第四章参照）。しかも、肝心の市内乗り入れは容易には進捗しなかったのですから、別の対策を見出す必要があります。国鉄よりも駅間距離の短い京浜電鉄が注目したのは、「品川・大森一円ノ短距離客ノ増加」（一九〇五年度後期営業報告書）が業績向上に繋がる傾向でした。国鉄の「労働列車」運行翌年にあたる〇八年度上期の営業報告書において、京浜電鉄は「従来人煙稀疎タリシ沿道ハ近来非常ノ発達ヲナシ逐年稠密トナリシ為漸次乗客数ヲ増加シツツアルヲ以テ……（略）……之［直通客の減少］ヲ補フヲ得」と認識し、一三年度上期には「短距離輸送」を「本社営業ノ本務」と自覚します。

ただし、当時の「稠密」地域は品川町・大森町の一帯に限られていました。これが広がり、京浜間直通客の減少を下支えするようになるのは、第一次世界大戦前後における京浜工業地帯の形成によって沿線の市街地化が進展し、通勤輸送が増加して以降のことです。旅客輸送人員のうち定期旅客が占める割合をみると、一九一四年には一一・八パーセントに過ぎませんでしたが、二一年には三〇・九パーセントに達します。その後、三四年には定期旅客が五〇パーセントを超え、行楽客依存からの脱却が実現しました(8)。

さらに、京浜電鉄は、沿線人口の増加に自ら取り組みました。一九二〇年代の川崎住宅地については第二章で触れましたが、それより一〇年以上前の〇九年頃に京浜地主協会を京浜電鉄本社内に設置しています。京浜地主協会は「京浜間所在の貸地、売地、貸家、売家を調査紹介して、公平親切なる仲介者とな」ることを旨としたもので、協会の仲介で移住した人びとには、「乗車券の大割引」や「日用品、家財器具の輸送にも特別の取扱ひ」といった京浜電鉄との特約を提供するのみならず、「沿道各地に信頼すべき医師医院を紹介して、診察料医薬料の特減を計」ることも掲げていました。都市から離れて生活する際に予想される不便を解消しよう、との戦略で、『京浜遊覧案内』（第一章参照）は京浜沿線への移住ガイドでした[9]。

ついで一九一四年五月、京浜電鉄は生麦住宅地（五ヘクタール）の分譲を開始します。これは関東の私鉄初の宅地経営といわれ、道路や下水設備も完成させました。京浜は「会社ノ貸家ト共ニ清新ナル小市街ノ形態ヲ備フルニ至」ったと自賛します[10]。

もっとも、生麦住宅地には下水設備はあっても水道がありませんでした[11]。これは、住宅地が所在していた生見尾《うみお》村（生麦、鶴見、東寺尾の三ヶ村等の合併で一八八九年に成立）に公営水道がなかったためです。水道がないことは当時は珍しくなく、生麦住宅地内では約二〇の井戸が利用できたので、当初はそれで十分と想定されていたのでしょう。が、これが飲料としては不適当だと判明します。幼児が胃腸を悪くすることもしばしばでした。そこで京浜電鉄は一九一六年から「役夫」を派遣し、周辺の丘陵地の湧水を住宅地に配布します。だが、この制度も一七年二月に廃止。そこで住民は京浜電鉄の補助も得て住宅地組合で独自に「水汲人」を雇い、組合員から「水代」を徴収するなどの措置を講じます。しかし、第一次世界大戦期の物価上昇のため水汲人の賃金を値上げせざるをえず、水代は二倍に高騰しました。水代の値上げは、水代の負担基準をそもそもどうするかを巡って、住民間の摩擦ももたらします。

工業化とともに、鶴見（一九二一年に生見尾村は鶴見町に）での水供給は、生麦住宅地にとどまらず、進出企業やひいては町全体の課題になります。この状況打開に活躍したメンバーの一人が、生麦住宅地居住者の曾我正雄でした。曾我は日本鉄道（のちの国鉄東北本線など）や鉄道車輌メーカーの汽車製造等を経て一四年に京浜電鉄に技師長として入社し、のち三〇年の退社まで重役を務めた人物です。曾我が目指したのは公設水道の敷設でした。町会議員に当選した曾我は水道委員に就任し、二三年には鶴見川対岸の潮田町などと組合水道を敷設する計画を検討します。そしてこれが伏線となって両町は二五年に合併し、新たな鶴見町が誕生しました。

しかし、財源や水源などが問題となり、鶴見町営水道は実現しません。こうしたなかで一九二五年にもたらされたのが、横浜市からの合併への呼びかけでした。これに対して鶴見町内では多くの議論がありましたが、結局、横浜市への編入を通じた給水を訴える曾我らの主張が通ることとなります。二七年四月、鶴見町は横浜市に編入。同年九月に水道が開通しました。

工業地帯の路面電車―海岸電気軌道

『京浜遊覧案内』は鶴見から神奈川の一帯を「松並木、波碧き磯、貝殻光る路」など「まことに広重の画裡を行くの想ひ[12]」と讃えました。だが、この光景は、浅野総一郎の鶴見埋立を機に、臨海工業地帯へと劇的に変貌していきます。

この変貌を象徴するのが、京浜電鉄の子会社として設立された海岸電気軌道（海岸電軌）でした。その起源は、一九一〇年に京浜が出願した生見尾線です。生見尾線は山谷（現、大森町）から多摩川を渡り大師河原、潮田などを経て総持寺（四四年廃止）までの海岸沿いを走る支線で、海浜遊覧を敷設目的に明記しています。

だが、既設線への影響が懸念されて出願が却下されると、京浜は別会社で路線を敷設することを計画しました。一九一六年一二月、海岸電気軌道株式会社発起人によって「敷設願」が官庁に提出されます。この敷設願では区間を総持寺―大師に短縮するとともに、「近来多数ノ諸工場新設セラレ従テ戸数日ニ増加シ大ニ開発」が期待されることを遊覧よりも強調しており、工業地帯の発展を期待する神奈川県の支持も得ました。一九年に特許を取得し、二〇年一一月に海岸電気軌道株式会社を設立。二五年六月五日から順次開業します。線路幅は当時の京浜電鉄と同じ馬車軌（一三七二ミリメートル）で、路線の大半が道路と併用の低速走行でした。車輛も京浜電鉄の中古車の譲渡もしくは貸与で、管理・運営も京浜がすべて実施しています。川崎運河（第二章参照）に並行する軌道も、海岸電気軌の新設路線として計画されたものでした[13]。

海岸電軌は旭硝子、芝浦製作所、富士電機、浅野セメントなどを沿線に有し、これら大工場の職員・職工の輸送を担うことが期待されました。が、一九二〇年代の不況と重なり、業績は低調に推移します。川崎側での工場の進出が途上だったことも足かせになった可能性があります[14]。

海岸電軌の業績低迷に対しては、「工場地として最も有望視せらる、場所を貫通してをるから、財界の立ち直ほりと共に諸社の工場の建設を見れば、必然的に好転しよう」という好意的な見方もありました。[15] しかし、景気回復に先立って並行路線が計画されます。[16] 鶴見臨港鉄道です。これは鶴見埋立を主導した浅野総一郎らによって計画された路線で、国鉄浜川崎から鶴見埋立地への路線として一九二四年に出願され、二六年に貨物輸送を開始しています。同社は旅客輸送も当初計画していましたが、鉄道省は海岸電軌との競合を考慮し、却下していました。だが、鶴見臨港鉄道はその後も旅客輸送への進出を企て、鶴見延伸の免許を得た二七年に旅客輸送の認可も申請します。この際に海岸電軌の買収も厭わない姿勢を見せたことも奏功し、二九年に認可を得ました。認可に当たっては、海岸電軌からの合併要求があった際にはこれを拒まないことが条件に付されており、鉄道省は両社の合併を事実上促します。

結局、翌一九三〇年三月、海岸電軌は解散し、その路線は鶴見臨港鉄道に引き継がれました。路面電車の海岸電軌では、大型の高速電車で国鉄鶴見駅と接続し、[17] かつ臨海部の大工場により密接した路線を走行する鶴見臨港鉄道には、太刀打ちできなかったといえるでしょう（本章扉）。軌道の収支は鶴見臨港鉄道への引き継ぎ後も改善されず、三七年一二月に廃止されました。

生活のない海岸線

一九二〇年代に神奈川県の臨海部を工業地帯として注目したのは、浅野だけではありません。その筆頭が横浜市です。関東大震災後の復興事業として「大横浜」の建設を掲げる横浜市は、横浜を生糸輸出中心の商港から工業港へと転換することを目指します。横浜市が鶴見町に編入を要請したのは、横浜港を鶴見沖まで拡張し、その中に工業地帯を建設するためでした。鶴見編入と同じ二七年に、横浜市は新子安海水浴場などの前に広がる子安・生麦沖二〇四ヘクタールの市営埋立を開始します。埋立地は「横浜市臨港工場地」として販売され、日産自動車、小倉石油（のち日本石油に合併）、三菱鉱業といった大企業が相次いで進出します[18]。

横浜市臨港工場地の販促はがき
（横浜市中央図書館所蔵）

横浜市は埋立地のセールスを大々的に展開し、道路や運河も整備するほか、国鉄の貨物線も市費で敷設するなど、インフラの充実に努めます。この点は明らかに浅野の模倣で、しかも私企業ではないがゆえに浅野よりも低価格で分譲することに成功しました。日中戦争以降、大規模な工業地帯の造成は公共セクターが担うようになり、開発業者の活動は請負事業に限定されていきます。鶴見臨港鉄道も戦時期の輸送量急増に対応できず、一九四三年七月に鶴見線として国有化されました[19]。

そして、敗戦後の港湾民主化によって、国家に代わって地方自治体が港湾管理を担うようになると、沿岸部の自治体が競争しつつ、臨海工業地帯は拡大していきます[20]。この結果、太平洋べルト地帯を中心に自然海岸は激減し、埋立地の多くが生産や物流の場となりました。横浜市の場合、全長一四〇キロメートルの海岸線のうち、自然海岸は〇・五キロメートルで全長の〇・四パーセント。また、市民が自由に接することのできる海岸線も一三キロメートル（同九・三パーセント）しかありません[21]。

一九二〇年代の鶴見住民の多くにとっては、海辺との関わりよりも水道の方が、自身の生活にとってはるかに切実だったことでしょう。とはいえ、長い目でみるならば、子安・鶴見の埋立は横浜の海が市民生活から遠ざかっていく端緒でした。その象徴が新子安海水浴場です。周辺の海域では工場排水や船舶からの重油投棄による汚染が二〇年前後には深刻化しており[22]、「新子安は海水が綺麗なのと、波が静かなのとを以て聞こえ、こゝの海水浴は京浜電車の夏を賑はす行楽の随一に数へられてゐたものだが、［鶴見の］肥料会社に毒を流されて、今は見る影もない。汐干狩なども無論、すつかり駄目になつた[23]」などと水質の悪化が伝えられるようになりました。海水浴場はその後も営業を続けましたが、横浜市が埋立を開始した二〇年代末に廃止されます[24]。羽田よりも先に水質汚濁が深刻化し、かつ寺社などの行楽施設に隣接してはいない新子安では、「浄化海水プール」を新設した羽田のような打開策は不可能だったのでしょう。

そもそも新子安海水浴場が営業していた時期の守屋町では、まだ工場はまばらで、地元の子どもは埋立地でよく遊んでいたと伝えられています。永田ミナミが見抜いたように、一九二〇年代半ばまでの守屋町には「人工的につくられた巨大な空き地」が混在しており、だからこそ海水浴場が存在する余地も残されていたのです。だが空き地は、「いつか開発の手がのびてくる、期限付きの場所」でもありました。[25]

ひるがえって今日、脱工業化によって再び増えていく「空き地」をどう生活に近づけていくことができるでしょうか。

【註】

(1)京浜急行電鉄株式会社編『京浜急行八十年史』同社、一九八〇年、八三—八四、一〇〇—〇一頁。一連の工事では、京浜本線と大師方面との接続駅も六郷橋から川崎に変更されました。

(2)以下本節は断りのない限り、加藤新一「〝競争〟と〝相互乗入〟史考—京浜電気鉄道外伝」『鉄道ピクトリアル』第二四三号、一九七〇年一〇月、前掲『京浜急行八十年史』八五—一〇〇頁。

(3)当時の横浜駅は現在の桜木町駅にありました。その後一九一五年に現在の地下鉄高島町駅付近に移転し、旧横浜駅は桜木町駅に改称。さらに関東大震災後の二八年に横浜駅は現在地に移転します。

(4)「官鉄労働列車と京浜電気鉄道」『東洋経済新報』一九〇七年一一月二五日、二七—二九頁。

(5)平山昇『鉄道が変えた社寺参詣—初詣は鉄道とともに生まれ育った』交通新聞社新書、二〇一二年、五五、一一六頁、前掲『京浜急行八十年史』九八頁。

(6)上田由美「新子安海水浴場」横浜開港資料館『開港のひろば』第一〇九号、二〇一〇年七月。

(7)以下、永田ミナミ「かつて新子安にあった海水浴場はどんな感じだった?」二〇一四年五月一日(「はまれぽ.com」http://hamarepo.com/story.php?story_id=2900)。

(8)以上、前掲『京浜急行八十年史』八六—八九、一〇〇、三四〇—四一頁。

(9)遅塚麗水編『京浜遊覧案内』京浜電気鉄道、一九一〇年、六―七、七三―七六頁（横浜市立図書館デジタルアーカイブ「都市横浜の記憶」）。前掲『京浜急行八十年史』九七頁も参照。

(10)前掲『京浜急行八十年史』九八―九九頁。引用部分は、「一九一四年度下半期営業報告書」。

(11)以下、松本洋幸「大正期における鶴見の水事情」『開港のひろば』第一一八号、二〇一二年一〇月、同「大都市近郊における水道敷設問題―第一次大戦後の鶴見地域を中心に」『横浜開港資料館紀要』第二五号、二〇〇七年三月。

(12)遅塚、前掲『京浜遊覧案内』五五頁。

(13)前掲『京浜急行八十年史』一〇三―〇四、一二〇―一二一、五一〇―一三頁。宮田憲誠『京急電鉄―明治・大正・昭和の歴史と沿線』ＪＴＢパブリッシング、二〇一五年、一四八―五三頁も参照。

(14)大野浩光「海岸電気軌道について」『鉄道ピクトリアル』第六五六号、一九九八年九月。

(15)「京浜電鉄株」『東洋経済新報』一九二七年一〇月一五日、六九六頁。

(16)以下、渡邉恵一「戦間期京浜工業地帯における鉄道輸送問題―鶴見臨港鉄道の成立と展開」『経営史学』第四六巻第二号、二〇一一年九月。

(17)大野、前掲「海岸電気軌道について」一三六頁。

(18)高村直助『都市横浜の半世紀―震災復興から高度成長まで』有隣新書、二〇〇六年、二六―四五頁、横浜港史刊行委員会編『横浜港史』総論編、横浜市港湾局企画課、一九八九年、一六五―六七頁、渡邉恵一「京浜工業地帯の埋立」橘川武郎・粕谷誠編『日本不動産業史―産業形成からポストバブル期まで』名古屋大学出版会、二〇〇七年、「横浜市臨港工場地」（絵葉書、「都市横浜の記憶」）。

(19)渡邉、前掲「京浜工業地帯の埋立」、同「戦間期京浜工業地帯における鉄道輸送問題」。

(20)斉藤伸義「自立経済と臨海工業地帯開発―東京都の港湾政策の検証から」栗田尚弥編著『地域と占領―首都とその周辺』日本経済評論社、二〇〇七年、小堀聡『日本のエネルギー革命―資源小国の近現

代』名古屋大学出版会、二〇一〇年、第八章。

(21) ＮＰＯ法人元気王国『酒田の港と水路がおりなす親水空間づくりシンポジウム』二〇一五年、一二頁(http://fields.canpan.info/report/detail/19623)。

(22) 鶴見区史編集委員会編『鶴見区史―区制施行五十周年記念』鶴見区史刊行委員会、一九八二年、四八二―八三頁。

(23) 松川二郎『日がへりの旅―郊外探勝』東文堂、一九一九年、四七―五一、六二頁（国立国会図書館デジタルアーカイブ。宮田、前掲『京急電鉄』一四三、一四六頁）。なお、大森や羽田についてはその「碧い海」のみが描かれており、水質汚濁についての指摘はまだありません。

(24) 永田、前掲「かつて新子安にあった海水浴場はどんな感じだった?」。

(25) 永田、前掲「かつて新子安にあった海水浴場はどんな感じだった?」。

第六章　日ノ出町・黄金町
——直通、戦災、占領

マックアーサー劇場開場一周年記念（1948年3月3日）
（右奥は国際劇場。横浜市史資料室所蔵）

焼け野原となった日ノ出町付近。高架は東急湘南線（現、京急）
（1945年）（毎日新聞社提供）

前章でみたように、京浜電鉄は一九〇五年（明治三八）に神奈川まで延伸し、ここで官鉄と接続していました。神奈川は旧東海道の宿場町で、〇一年に横浜市に編入されていましたが、桜木町、伊勢佐木町、関内といった市中心部からは距離があります。

東京と同様、京浜電鉄がこの状況を打開するきっかけとしたのが一九二三年（大正一二）九月一日の関東大震災でした。市中心部が埋立地の上に位置する横浜は震災で文字通り壊滅し、朝鮮人・中国人が多数虐殺された地域でもあります[1]。

中心部乗入と三浦半島直通

震災から一ヶ月後の一九二三年一〇月一〇日、京浜電鉄は横浜市内での鉄道敷設免許を申請します[2]。これは、仲木戸―神奈川間に当時あった反町駅付近（青木町）から伊勢佐木町そばの長者町に至る四・六キロメートルで、途中、平沼町―西戸部町―日ノ出町を経る計画です。うち、西戸部町―長者町など二・四キロメートルが地下式でした。軌間は地方鉄道法の規定に基づいて標準軌とし、完成時には神奈川以北の既設線を馬車軌から標準軌に戻して直通運転することも計画されます。なお、この方式は、横浜と同日に申請された東京市内への延伸（第四章）でも同じでした。

東京とは違って、この免許は一九二四年一〇月に無事取得できました。ただし、震災後の国鉄改良工事や横浜都市計画などに対応した設計の変更を拒み得ないことが、条件に付されます。実際、横浜駅の現在地への移転が決定されると、京浜電鉄の新線も神奈川を出て横浜駅を経由する現行のルートへと変更されます。また、平沼町では高架式を計画する京浜と地下式を求める地元とが対立し、結局、高架式とする代わりに平沼駅を設置することで合意しました。

京浜電鉄の横浜市内乗り入れ計画に前後して、京急のその後を大きく方向づけた計画に、湘南電気鉄道の設立があります。湘南電鉄は元南満洲鉄道総裁の野村龍太郎らが一九一七年九月に申請した狭軌路線で、横浜市内から六浦荘（現、金沢八景）を経て、その先は三浦半島を相模湾・東京湾沿いに一周する予定でした。二三年八月に免許を取得します。

湘南電鉄の発起人は横浜―渋谷―日比谷―呉服橋（八重洲）を結ぶ京神電気鉄道も一九一九年に計画しており、当初は京浜と競合する可能性がありました。しかし、免許取得直後の関東大震災で会社設立が困難になると、当時京浜を傘下としていた安田系の資本が参加し、京浜電鉄社長の青木正太郎も発起人に加わります。そして二五年一二月に湘南電気鉄道株式会社が設立。同時期には路線を以下の三つに定めました。すなわち、①東京湾岸を三浦半島先端の三崎まで結ぶ本線（三崎線）、②六浦荘で本線から分離し、逗子、鎌倉に至る鎌倉線、③逗子から相模湾岸を南下し、三崎町の北に隣接する初声村で本線に接続する葉山線。また、翌二六年には日ノ出町での京浜電鉄連絡を申請し、軌間も京浜電鉄の横浜市内線に合わせて標準軌に変更します。

こうして、京浜・湘南両社は一体化を深めていきますが、これを面白く思わない人物がいました。武蔵電気鉄道（一九二四年から東京横浜電鉄〔東横〕）重役の五島慶太（一八八二―一九五九）

です。武蔵電鉄は二三年に青木町から黄金町への延伸を出願し、湘南電鉄との連絡を構想したものの、湘南への安田系の資本参加により頓挫していました。そこで東横は、二六年に横浜駅（高島町）―桜木町―鎌倉の路線を申請し、京浜・湘南両社の計画を妨害します。一方の湘南も、二六〜二七年に日ノ出町―桜木町―横浜駅の路線を申請し、東横に対抗。結局鉄道省は、東横の桜木町延伸を認可すると同時に、桜木町―日ノ出町―南太田の免許を湘南に交付しました。

そして、この免許を利用することで、現在の京急路線が出来上がります。まず一九三〇年二月五日、二八年の横浜駅移転を機に国鉄神奈川駅が廃止されていたことを受けて、京浜電鉄も国鉄横浜駅に乗り入れました。ついで三〇年四月一日、湘南電鉄の黄金町―浦賀（二九・九キロメートル）、金沢八景―湘南逗子（五・七キロメートル）が開業。翌三一年一二月二六日に横浜―日ノ出町―黄金町も開業し、湘南電鉄が三浦半島から横浜に乗り入れます（日ノ出町―長者町、桜木町は免許取り下げ）。横浜―浦賀（三三・三キロメートル）の当初所要時間は四九分で、現在の普通列車（退避待ちのない場合）と同程度です。さらに三三年四月一日、国鉄品川駅乗り入れと同時に横浜以北も標準軌に変更し、品川―浦賀の直通運転が実現（五五・五キロメートルを九一分）。三六年には品川―上大岡の直通急行運転も開始されます。(3)

京急のアジア太平洋戦争―大東急と横浜大空襲

五島は京浜・湘南両社と横浜市内乗り入れでしのぎを削る過程で湘南電鉄の買収も画策し、失敗していました（この際に京浜・湘南両社は安田系から独立）。ただし、五島による両社への介入は、一九三〇年代に別の手法で実現します。三四年に東京高速鉄道（現在の銀座線新橋―渋谷）の常務取締役にも就任した五島は、東京市内の地下鉄計画をめぐって、当時京浜との合併も構想していた東京地下鉄道（第四章）としのぎを削っていました。そこで五島は、京浜電鉄の株式買い占めを通じて京浜電鉄・東京地下鉄道両社の経営権掌握を目論みます。三九年、東京高速鉄道は京浜電鉄の経営権掌握に成功し、湘南でも経営陣が五島らに交代。さらに四一年一一月一日、湘南電鉄は京浜に吸収合併されました。京浜の社長には五島が就任します。

東京高速鉄道は東京地下鉄道もろとも、同年に帝都高速度交通営団に再編され、五島の手から離れました。しかし日米開戦翌年の一九四二年（昭和一七）五月一日、交通機関の自主統合を掲げる五島は京浜、東横、小田急の各社を合併して東京急行電鉄（いわゆる大東急）を発足。大東急は四四年五月に京王電気軌道も合併し、四五年六月に相模鉄道の委託管理も開始しました。以後、四八年六月一日に京浜急行電鉄として他の各社とともに分離独立するまでの間、横浜以北は東急品川線、横浜以南は東急湘南線の通称で運行されます。

京浜・湘南両社の経営権を掌握した五島は、軍需工業の発展に伴う乗客の増加に積極的に対応しようとしました。車輌の新造、変電所の増設、久里浜線新設（第一一章参照）などに着手します。[4] しかし、戦時下での輸送力増強には限界がありました。一九三九年のダイヤ改正では、運転本数や編成両数を増加させる一方、急行運転を黄金町までに短縮します。さらに四一年以降は電力消費規制の深刻化や乗務員・資材の不足を受けて、運転の間隔延長や区間短縮などが実施。四四年五月には急行運転と品川―浦賀直通運転とが廃止され、品川―黄金町、横浜―浦賀の分断運転となりました。直通運転復活は京急発足直後の四八年七月のことです。[5]

ここで注意すべきは、米軍の無差別空襲が本格化する一九四五年以前から、分断運転が実施されていたことです。[6]日本経済は空襲以前から深刻な機能不全に陥っていたのであり、四五年八月の「終戦」は、経済的観点からすれば明らかに遅すぎるものでした。[7]そして、「終戦」が遅れる間に、大東急の職員、工員やその沿線住民は深刻な被害に見舞われます。四五年四月一五日の東京城南と川崎・鶴見の空襲、五月二三～二五日の東京山の手空襲、二九日の横浜大空襲がその最たるもので、品川・湘南両路線では在籍車輌一一五両（四二年五月現在）中三〇両が被災し、うち一八両が全焼。また、一五駅が被災しました。[8]

以下、横浜大空襲に即して、京急の被害を具体的にみます。横浜は当初、広島、京都、小倉、新潟と並んで原爆の投下目標候補に選定されていましたが、候補から除外された後、一九四五年五月二九日の午前九時から一〇時半にかけて、初の本格的な空襲が実行されました。この空襲によって、横浜市中心部は山下公園周辺と外国人住宅の多い山手地区とを除いてほとんど燃え尽き、八〇〇〇名とも推定される死者を出します。[9]東急品川線では客車四両、貨車二両と新子安、新町、仲木戸の各駅が全焼。また、湘南線でも客車二両、貨車一両と平沼（四四年一一月に廃止済）、戸部、日ノ出町、黄金町、南太田の各駅が全焼します。[10]

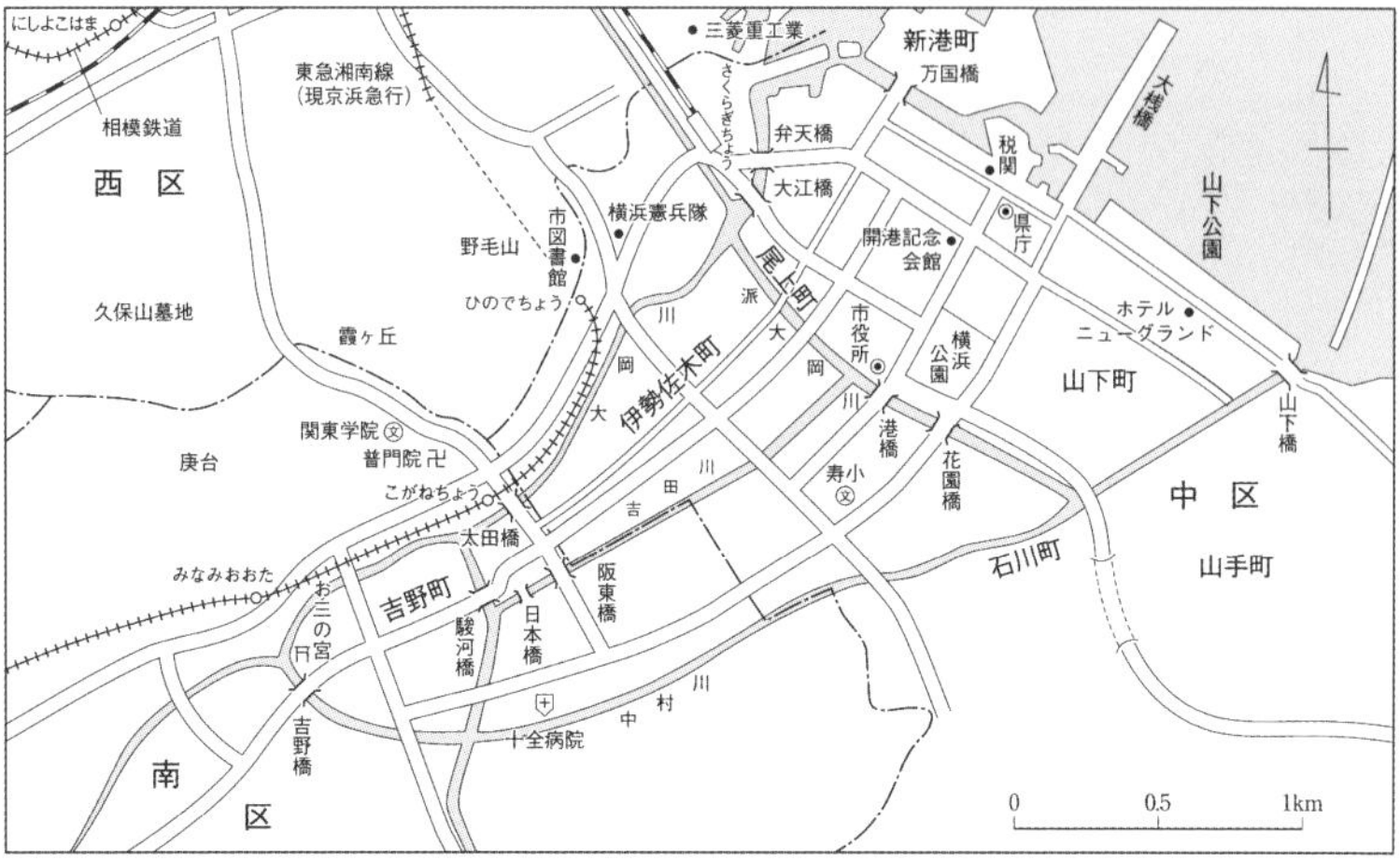

大空襲時の横浜市中心部（今井清一『大空襲5月29日』新版より）

黄金町駅一帯は東急東横線反町駅ガード下などと並んで、最も犠牲者が出た場所の一つでした。[11] 当時一六歳の河原康は自転車で荷物を積んで避難したものの、「火は風をよび、自転車に乗ってペダルを踏むことは、強風のためほとんど不可能」となり、「足は自然に、まだ焼けていなかった京浜《マ》急《マ》行黄金町駅」へと向かいます。その後の光景を河原は以下のように振り返っています。「私が駅についた時、ガード下から改札口、階段にかけてたくさんの人がなすすべもなく、立ちつくしていた。火は駅にせまっていた。火の粉が強風にあおられ顔に容赦なく吹きつける。火と風で息が苦しい。思わず口をあける。するとそのあけた口のなかに火の粉が飛びこんでくる。ちょうど、海水浴で息つぎにあけた口のなかに、変則波のため海水がとびこんで息を苦しくさせるようなのだ。／この駅で伯母とイトコにあった時、状態は急速に悪化していた。『火の海』に近い状態だった。『ヤッチャーン（私の名）、ドウシヨー』、二人は必死に私によびかけた。しかし、同じ火の海にいる十六歳の私には、どうすることも出来なかった。言葉をかけることすら出来ないほど、私達のまわりに火と風がうずまいていた（伯母とイトコは死んだ。遺体不明である）…（略）…私は黄金町駅で火に焼かれ、意識を失いながら走り、その［関東学院わきの］坂に倒れた」[12]。

黄金町の駅構内やガード下には多くの焼死体が折り重なり、その数は六二八名とも伝えられます[13]。と同時に驚かされるのは、こうした惨禍にも関らず、運転が迅速に再開されたことです。空襲三日後の六月一日現在、大森海岸―鶴見と南太田―浦賀とは既に運転を再開しており、横浜―浦賀は六日までに、品川―横浜も一〇日までに全通の見込みと伝えられています[14]。果たして、これはどのようにして可能となったのか。また、その際に遺体はどのように扱われたのか。いくつかの証言がありますが、確たることは分かりません。空襲後まもなく、黄金町駅そばのガード下には死者を弔う地蔵尊が建立されました。現在は駅そばの普門院に移されています[15]。

接収とマッカーサー劇場―日ノ出町

黄金町と同様、隣の日ノ出町駅周辺も焼け野原となりました。しかし、敗戦から間もなくして、日ノ出町駅と桜木町駅とに挟まれた野毛の一帯には多くの露店が立ち並び、横浜最大の闇市が形成されます。この要因には、①二つの最寄り駅を擁すること、②三菱重工業の大工場（横浜造船所）に近いことに加えて、③市の中心部にも関わらず米軍の接収を逃れたことがありました。米軍の接収は一九四五年一〇月に始まり、横浜市中区の接収面積は全区面積の三四・六パーセントに達します（四六年九月末現在）。繁華街であった伊勢佐木町周辺（関外）は大半が接収され、焼け跡には飛行場や兵舎などが建設されました。焼け残った建物も米軍用の店舗、娯楽施設や病院などに利用されます。このため、接収によって退去を迫られた人びとや商店の多くが、大岡川を境として関外の北に位置する野毛や日ノ出町に移住し、生活の再建を目指したのです[16]。たとえば、寿町を追い出された木村美禰子（当時七歳）の一家は日ノ出町の駅前に移転しました。日ノ出町への移転後、美禰子は両親のために朝から「もく拾いに出かけます。進駐軍の食堂あたりは、とても良いにおいがして、いちど食べてみたいなーと思いながら、長めのたばこを拾って歩きます[17]」。

人びとが集まる野毛は、政治や娯楽の空間にもなりました。戦時中に陸軍の高射砲陣地が置かれていた野毛山公園ではメーデーが一一年ぶりに復活し（一九四六年五月一日）、四万人が集まります。会場には労働基本権だけではなく、「食糧の人民管理、働けるだけ食わせろ！」、「人民の手による人民の憲法」といった要求があふれ、デモ隊は野毛坂を下り、桜木町を経て、県庁までを行進しました。四七年五月の新憲法施行行事でも一〇万人が野毛山に足を運んでいます[18]。

占領期の野毛では祭りや市民の製作展が開催され、場外馬券売り場や劇場も開設されました。

「八ツの時に南太田のお風呂屋で唄ったのが初舞台」と当時報じられていた加藤和枝（一九三七—八九）が美空ヒバリの名で一九四八年に本格的にデビューしたのも、野毛の国際劇場です[19]。国際劇場は横浜憲兵隊跡地（現、ＪＲＡウィンズ横浜）に四七年五月に開館した劇場で、跡地にはもう一つの劇場も同年三月に開設されました[20]。「其の名も〝マッカーサー劇場〟—元帥を讃へ横浜野毛に開館[21]」。

この記事によると、劇場名は一・七万通の応募のなかから、劇場主や神奈川新聞文化部長らの審査によって選ばれたものでした。ほかの入選候補にはミューズ劇場、青春座、希望映画劇場、セントラル劇場、オリンパス劇場などがあり、「進駐軍当局の認可を得てマッカーサー劇場と命名されると、日本では最初のマックアーサー元帥を讃へる劇場が横浜に誕生するわけ」と報じられています。

占領当時、マッカーサーには約五〇万通とも推定される好意的な手紙や土産（たとえば松茸）が全国各地から贈られていました[22]。したがって野毛のマッカーサー劇場は、決して風変わりな光景ではなく、あくまでも日本の一縮図といってよい。空襲で焼き払われてから一年余の時期に、なぜかつての敵軍の将をわざわざ「讃える」行動がとられ、そして市民に受け入れられたのか。敗戦後の対米関係を理解する手掛かりは、この問いを探ることからも得られると思われます。

【註】

(1)今井清一『横浜の関東大震災』有隣堂、二〇〇七年。

(2)以下、本節は断りのない限り、小風秀雅「戦間期における京浜電鉄の路線拡張戦略—東京横浜電鉄との競合を軸として」『市史研究よこはま』第五号、一九九一年三月、宮田憲誠『京急電鉄—明治・大正・昭和の歴史と沿線』JTBパブリッシング、二〇一五年、七三—七九、一五四—六二頁、京浜急行電鉄株式会社編『京浜急行八十年史』同社、一九八〇年、一〇五—〇七、一一一—一七頁。

(3)吉本尚『京急ダイヤ一〇〇年史—一八九九〜一九九九』電気車研究会、一九九九年、二八—三三頁。

(4)以上、前掲『京浜急行八十年史』一四八—五五、一六一—六二、一七一—七三頁、小風、前掲「戦間期における京浜電鉄の路線拡張戦略」。

(5)前掲『京浜急行八十年史』三五九—六三頁、吉本、前掲『京急ダイヤ一〇〇年史』三九—四八頁。

(6)吉本、前掲『京急ダイヤ一〇〇年史』四一頁。

(7)中村隆英『日本の経済統制—戦時・戦後の経験と教訓』日経新書、一九七四年(ちくま学芸文庫、二〇一七年)、原朗『日本戦時経済研究』東京大学出版会、二〇一三年、第三章。

(8)前掲『京浜急行八十年史』一六三—六四、四三一—三二頁。

(9)今井清一『大空襲五月二九日—第二次大戦と横浜』新版、有隣新書、二〇〇二年、第三〜五章。

(10)「神奈川県」「五月二十九日ノ空襲ニヨル地方鉄道軌道関係被害一覧表」横浜市・横浜の空襲を記録する会編『横浜の空襲と戦災』第三巻、同会、一九七五年、一〇九頁、前掲『京浜急行八十年史』三七二頁。

(11)前掲『横浜の空襲と戦災』第一巻、一九七六年、五八八頁。

(12)伊豆利彦『戦時下に生きる—第二次大戦と横浜』有隣新書、一九八〇年、一三五—三六頁。/は改行を表す(以下、同様)。

(13)東野伝吉『昭和二十年五月二十九日』講談社現代新書、一九七三年、九八頁、今井、前掲『大空襲五月二九日』一六九―七〇頁。
(14)前掲「五月二十九日ノ空襲ニヨル地方鉄道軌道関係被害一覧表」。
(15)今井、前掲『大空襲五月二九日』二〇一―〇四頁、東野、前掲『昭和二十年五月二十九日』九六―一〇八頁。
(16)中区制五〇周年記念事業実行委員会編著『横浜・中区史―人びとが語る激動の歴史』同委員会、一九八五年、四二八―三二、五二二―二七頁（横浜市中区役所「過去に発刊した刊行物」http://www.city.yokohama.lg.jp/naka/archive/reference/）、服部一馬・斉藤秀夫『占領の傷跡―第二次大戦と横浜』有隣新書、一九八三年、四六―四七、七八―九〇頁。
(17)伊豆、前掲『戦時下に生きる』二一五―一六頁。
(18)服部・斉藤、前掲『占領の傷跡』九八―九九、一一一頁。
(19)服部・斉藤、前掲『占領の傷跡』一四〇頁。引用は、『神奈川新聞』一九四八年六月七日。
(20)前掲『横浜・中区史』五二七―三〇頁、今井、前掲『大空襲五月二九日』四三頁、吉田律人「横浜憲兵隊の創設」横浜市史資料室『市史通信』第八号、二〇一〇年七月。
(21)『神奈川新聞』一九四六年九月二六日（前掲『横浜の戦災と空襲』第六巻、一九七五年、三四二頁）。
(22)袖井林二郎『拝啓マッカーサー元帥様―占領下の日本人の手紙』大月書店、一九八五年。

第七章　上大岡〜杉田

——戦後開発の優等生

上大岡駅ホーム（1958 年）（横浜市港南図書館所蔵）

埋立前の根岸湾と横浜市電（1955 年頃）（横浜市磯子図書館所蔵）

以下、本書の後半では湘南電鉄が計画・建設した路線に話を進めます。京浜電鉄との提携関係がまだ生じていない一九一七年（大正六）九月、野村龍太郎ら発起人一同が記した地方鉄道敷設免許申請には、以下のような創業目的が記されていました。[1]「曩《さき》に郊外住宅地又は遊覧地として開発された京浜沿線が、今や工場地帯及び市街地としての発展を示すに至ったので、インフレに懐の温かい都人士をして是を［三浦］半島に運ばしめ沿線の開発を図る」。

山と砲台—東京湾要塞地帯

この申請書はさらに、湘南電鉄沿線の特徴として、①「東京より僅かに二時間内外、横浜より一時間内外にして到着し得るを以て一日の行楽地として最適」、②「交通便利、空気清澄、地価低廉にして別荘地、住宅地として適当」といったことを挙げ、「将来は土地業経営、住宅建設、娯楽機関の設備、電燈電力の供給等も計画すべき」と掲げました。こうした目論見のうち、第一次世界大戦に伴う好景気は大戦後の一九二〇年に終わりますし、電力事業への参入も見合わせます。だが長期的にみると、京浜間が郊外から工場地帯や市街地へと変貌し、その代替地として現横浜市南部から三浦半島が開発されていくことを第一次世界大戦中に既に予測していたことには、先見の明があったといってよいでしょう。

もっとも、湘南電鉄自身が沿線開発を大々的に実行することはありませんでした。この点はたとえば、日吉など沿線の宅地開発を果敢に実施した五島慶太の目黒蒲田電鉄・東京横浜電鉄はいわずもがな、京成電気軌道と比べても対照的です。京成は、一九三五〜四一年に、八七ヘクタールの分譲地を千住—千葉海岸の沿線各地で売却しています。[2]

京成にできたことが湘南電鉄にできなかったのはなぜか。直接の原因は湘南の経営状態にあります。開業年の一九三〇年度から三五年度にかけて、湘南は営業収支が黒字だったものの、三三年度を除いてその純益は赤字で、配当も無配続き。これは借入金やその利子が経営を圧迫していたためで、借入金の原因は開業までに約一六〇〇万円の建設費が生じたことによります。開業時の湘南の建設費は一キロ当り四六万円で、他の私鉄には類例のない高額でした。[3] たとえば、ほぼ同時期に建設された小田急の場合、江ノ島線が開通した二九年四月末時点で同二五万円です。[4]

湘南電鉄の建設費の高騰は、「地勢関係で難工事の場所が多く、且つ要塞地帯に属する為め、施工上にも慎重な注意を必要とし多大の苦心を払はねばならなかつた[5]」ためでした。丘陵地が続く三浦半島一帯に線路を通すにはトンネル工事が必要で、その数は二二本。[6] しかも厄介なのが軍隊の存在です。一八八〇年以降、明治政府は東京湾口の三浦半島と対岸の富津に要塞砲台を順次増設し、九五年には横須賀に陸軍東京湾要塞司令部が設置されました。さらに要塞地帯法に基づき、九九年に東京湾要塞地帯が設定されます。要塞地帯は要塞の防衛状況を国家機密として保全するために設けられた区域で、湘南電鉄の路線に即して範囲をみると、金沢文庫以南が要塞地帯に、屏風ヶ浦—金沢文庫が要塞区域になります（口絵地図参照）。これらのうち、横須賀堀内（現、堀ノ内）以北が海軍横須賀鎮守府の、湘南大津—浦賀が東京湾要塞司令部の管轄でした。なお日中戦争下の一九四〇年一二月、要塞地帯は子安以南に拡大します（要塞区域は廃止）。

要塞区域と地帯とでは、測量、撮影、模写、録取に陸軍ないし海軍の許可が必要となります。また、地帯内では、「兵備ノ状況其ノ他地形等ヲ視察」（要塞地帯法第八条）するための立ち入りが禁止され、地表の高低を永久に変更する工事や道路、トンネル、橋梁等の設置も許可制となりました。したがって、路線建設時には陸海軍と一々折衝をする必要があったのです。また、要塞地帯・区域では二〇万分の一より明細な地図は公開されず、二〇万分の一でも水平曲線を消去するなどの検閲を受けたものしか発行されませんでした。写真の発行も許可制のため、一般に入手できるのは軍事施設を消去するなどの修正を施されたものだけ。[7]こうした制約が湘南電鉄の建設費を引き上げたことは容易に予想できます。

そして丘陵地と要塞とは何れも、沿線での宅地開発を抑制する要因でもありました。丘陵地では平地に比べて開発コストが高いと同時に土地有効利用面積も少なくなります。[8]しかも、「写真、スケッチは勿論のこと一山、一水と雖も不用意に之を記すれば動《やや》もすれば軍機に触るの恐れある」[9]と評されるような場所での開発は、湘南電鉄はもとより、それ以外の開発業者や地元住民も二の足を踏まざるを得なかったでしょう。

敗戦から宅地開発へ

結局のところ、これらの悪条件を解決したのは、アジア太平洋戦争での敗北とそれに伴う大日本帝国の崩壊でした。まず要塞地帯法は一九四五年一〇月に廃止され、旧湘南電鉄沿線は陸海軍の制約から解放されます。また、陸海軍の解体によって軍需を失った国内企業は、民需生産に新たな活路を見出すために、軍需生産で培った技術も活かしつつ、活発な競争を展開しました。これを軍民転換といい、重工業メーカーが期待したものの一つに建設機械があります。建設業者が占領軍の施工工事を請け負うなかで米国の最新技術に触れたことも、大きな刺激となりました。日本の建設機械工業の技術水準は欧米諸国に比べて著しく遅れていましたが、敗戦後に国産化が進められた結果、生産量は急増し、五〇年代末には「特殊な建設機械を除きほとんど国産品が使用されるようになり、性能的には先進諸外国にくらべて、いささかもそん色ないまでに向上し」ます。これらが建設工事に導入されることで、「いままで人力施工では不能とされていた大規模な建設工事がはじめられるようにな」りました[10]。

敗戦を機とするこうした構造変化を背景として、一九四八年六月に発足した京浜急行電鉄とその関連会社は横浜市南部から三浦半島にかけての開発を始動します。五四年に横浜花の木と弘明寺とで二ヘクタールを分譲したのを皮切りに、五五年に富岡、五六年に杉田、五八年に上大岡での分譲を開始[11]。六二～六九年度にかけての横浜市における大規模宅地開発（二〇ヘクタール以上）を造成主別にみると、京急は一五〇ヘクタール（上位十社合計の二七・一パーセント）で、第一位に輝いています[12]。京急が同社初の四扉通勤車七〇〇形の運用（六七年）や私鉄初の一二両編成（七四年）を通じて、ラッシュ時の乗客収容能率の向上と乗降時間の短縮とに取り組んだ理由は、京急やその他開発業者による沿線での旺盛な宅地開発にありました。

建設技術の革新とその影響とを富岡の事例からみると、一九五五年の第一期分譲ではもっこやトロッコなどの人力にまだ依存していました。が、五六〜五七年に施工された第二期工事では途中から重機が導入されます[13]。用地買収の取りまとめを京急から依頼された鹿島源左衛門（山林地主で最後の金沢町長）の妻、定によると、ブルドーザーが「物珍らしく毎日見物人で、賑わいました」。「眺めていると、見る〳〵内に山が崩れ、切株がおこされて、面白いように、平な宅地となって行きます」。

そして鹿島家は、十五夜に、開発現場に出かけます。「月明りで見る造成地は、すっかり邪魔者が取り払われて、月の光に淡青く照され、恰も広い広い砂漠の中を、道を求めて歩くような気持ちがし」、「その静けさと、美しい光と、周囲の山の影、この印象は」定の心に深く残りました[14]。高度成長開始まもない当時、開発現場はつかの間の行楽地でもあったのです。

一方で、開発を潔しとしない人びとも登場します。金田平《ひとし》と柴田敏隆とをリーダーとする三浦半島自然保護の会が、自然観察会や会報の発行など、その活動を開始したのも、一九五〇年代後半のことでした。同会は日本の自然保護教育の草分けと評されています[15]。そして七〇年代に入ると、京急沿線でも、開発への異議申し立てが活発化していくのです（第八章以降参照）。

第三の駅へ――上大岡

一連の宅地開発で最も〝模範〟的に発展した駅が上大岡です。上大岡は一九五一年に急行待避設備が竣工して接続駅となり、六三年には駅ビルが完成します。[16] 三一年当時六七九人に過ぎなかった一日平均乗降客数は、五一年の一・一万人（京急全六五駅中二六位）から三・二万人（六一年、一〇位）、一〇・〇万人（七一年、四位）、一二・八万人（八一年、三位）へと躍進しました。[17]

上大岡駅がここまで成長した背景には、その駅の設置位置と港南区（一九六九年に南区から分区）の宅地開発とがあります。まず設置位置について。湘南電鉄の開業当時、上大岡の集落は水田の広がる湿地帯で、駅舎はその東端の丘の中腹に設けられました。ここに広い敷地を確保できたことで、戦後を通じた駅の拡張が可能となったのです。

もっとも、これは当初から想定されていたものではありませんでした。関東大震災前の一九二三年八月に下付された免許では、蒔田から磯子に出て、根岸湾岸を杉田へと至る計画が記されており、上大岡が属する大岡川村（二七年に横浜市に編入）は登場しません。しかし震災後の横浜市復興計画で蒔田が計画区域に指定され、高架式にする必要が生じると、費用の高騰を避けたい湘南電鉄は大岡川村経由に変更。さらに大岡川村でも計画道路（現、鎌倉街道）との立体交差を指示された結果、これを円滑にするため、道路より高い現在地に上大岡駅が設置されることとなりました。[18] 一七年の時点で現横浜市南部の開発を展望していた湘南電鉄も、その時はまだ、上大岡の発展可能性までは予測できてはいなかったのです。

現港南区域での宅地開発も、沿線のなかでは比較的平地を確保できた上大岡駅周辺で、アジア太平洋戦争中に始まります。ただし、要塞地帯に編入された状況下でそれを実現したのは、民間業者ではなく国家権力、具体的には住宅営団でした。住宅営団は、急増しつつある軍需工業労働者への迅速な住宅供給という不採算事業を遂行するために一九四一年に設立された特殊法人で、五年間に三〇万戸の建設を計画していました。実際に建設されたのは一〇・八万戸で、神奈川県では一・二万戸が建設されています。その一つに上大岡があり、四三年五月現在で三四二戸が計画。同年一一月時点で二八六戸が分譲されました。この計画戸数は横浜市内で二番目、県内でも五番目の規模です。住宅営団の住宅供給は企業ごとに一括分譲・賃貸する方式が大半で、上大岡では東急品川・湘南沿線の軍需工場三社に分譲されました[19]。

そして敗戦後、京急が上大岡での分譲を開始した一九五〇年代後半には、民間業者も含めた宅地開発が丘陵地でも始動します。開発地は上永谷、下永谷、日野など周辺地域へと拡大し、住宅地と上大岡駅とを結ぶバス路線が放射状に順次開設されました。その数は七七年現在で三五系統に及び（横浜市営一二、神奈川中央交通一三、京急五、江の島鎌倉観光五）、一日乗降客は八万人に達します。この乗客が京急に乗り継ぐことで、上大岡駅の利用客が増大していったのです。

しかし、駅の発展はあるものを置き去りにしました。それはバス停です。一九七〇年代までの「上大岡駅のバスターミナルは、京急専用の小さなものが駅のすぐ前に一つあるだけで他のバスはすべて、鎌倉街道の歩道に発着所を設けて」おり、「特に下り線は駅前から二〇〇mの間に五つの発着所が並ぶ状態でした。当然のごとく、「ラッシュ時の渋滞は目を覆うばかりで、下り線は上大岡駅から一km も手前からつかえ、同駅前を通過するのに四〇分以上もかかることもあるという始末」。港南区民の署名活動を受け、横浜市が対策を開始したのは七八年のことでした。バスターミナル用地として、横浜市は駅から二〇〇メートル離れた空き地を二〇億円で買収します。[20]

バスターミナルは一九八〇年に完成し、これによって渋滞は約一〇分短縮されたと伝えられています。もっともこの段階では未だ、「木造家屋の密集や災害時の不安など居住環境が悪いことや、雑然として、安心して買い物ができないなど商店街の魅力にも問題点が」あることが上大岡には指摘されていました。[21] 駅前の再開発事業が開始されるのは八九年、この一環で京急百貨店が開業したのは九六年のことです。[22]

臨海工業地帯の「優等生」──根岸湾

戦後に横浜市南部が注目されたのは住宅地としてだけではありませんでした。一九五六年（昭和三一）一二月、横浜市会は屏風浦、杉田両駅の東側に広がる根岸湾の埋立事業（三五〇ヘクタール）を日本社会党を含む全会一致で決定します。[23] 根岸湾は五〇年に入ってからも景勝地と目され、海苔養殖を中心とする漁業が営まれていました。が、六〇年代には臨海工業地帯へと変貌します。進出者は日本石油精製、石川島播磨重工業（ＩＨＩ）、東京電力、東京瓦斯といった大企業でした。日本石油精製は東洋最大規模の製油所で、超大型タンカーの繫留施設を配備。ＩＨＩでは世界最大級のタンカーが相次いで建造され、これが日本と中東とを往復します。東京電力と東京瓦斯も海外の液化天然ガス（ＬＮＧ）を原燃料として、首都圏に電気とガスを供給します。根岸湾は資源の大量輸入を通じた高度経済成長（第一章参照）を牽引する地域開発の舞台になりました。

横浜市の根岸湾開発は一九二〇年代の子安・生麦埋立（第五章参照）をより大規模に継承したものですが、同時に見逃せないのが、米軍の接収が与えた影響です。五二年の日米安保条約やその関連協定に基づき、講和条約の発効後も在日米軍への施設・用地の提供が行なわれた結果、米軍による横浜市の接収区域は市街地面積の二三・九パーセントに上りました。[24] 区域は次第に縮小しますが、横浜市の首脳部や財界人にとって、横浜市は「米軍の接収により全国最大の犠牲を払い今尚苦難な道を続けている[25]」存在であり、これによって敗戦後の横浜市は川崎や東京など周辺自治体よりも大きく立ち遅れていると考えられていました。沖縄や朝鮮半島などは完全に視野の外にあるわけですが、少なくとも彼らは横浜を敗戦・占領の最大の「犠牲」者とみなしていた。そしてこの「犠牲」を乗り越え、他市に追いつくには、横浜の海を埋め立てて、とにかく工業地帯をつくるしかない、という強い危機感がありました。

しかし、横浜市首脳部らの危機感はあくまでも漠然としたものであり、工業地帯のプランについての具体的なものではありませんでした。このため、埋立のレイアウトや誘致業種では、横浜市の港湾技官が主導権を握ることとなります。誘致業種の選定に関して、所管の運輸省と横浜市の港湾技官とは、「原則として水際線を必要とする工場を誘致する」方針で一致していました。これは「東京湾にはあと残された工業港は千葉とこゝしかない。従つてこゝには何とか船と水を必要とする工場を誘致し度い」という運輸省の〝国益〟重視的な発想に横浜市の港湾技官が積極的に賛同していたからです。[26] 根岸湾は一九三〇年代以来の「工業港」構想（第一章参照）が文字通り貫徹した場所でした。

もっとも、これはあくまでも開発担当者の論理であり、地元の漁業者に納得できる理屈ではありません。当時の海苔養殖業は青年層を中心に技術革新が著しく、根岸湾では埋立反対運動が活発に展開されました。「現在我々は日本国憲法に規定され、漁業法に依って漁民の生活権は擁護されている」[27]、「私が六十年来子供の時分から漁師をしておりますが、日本の戦時中の政治と敗戦後の政治というものは違い、われわれ漁民といえども言わんとすることは言い、また市の当局者の責任ある方々から十分説明を聞く」[28]というように、自らの生活権を掲げて抵抗したのです。

埋立の施工はようやく一九五九年になってからのことでした。漁業者の転業を促した最大の手段は補償金の増額（当初計画の一〇倍）でしたが、横浜市が漁業者との交渉過程で以下のように発言していたことは注目に値します。「東京内湾の特性というか、御承知の通り内湾の水質は年々京浜間に蝟集する会社、工場よりの汚水、大都市よりの排水により汚濁され、そのために沿岸漁業は年々衰微しつつある状況である。従って市経済局としてもこの対策については研究中であるが、この埋立計画と関連して…（略）…工場等え〔へ〕の就職あつ旋を行いたい…（略）…商店等を開業したい人達に対しては埋立により鉄道も敷設されるのだから駅に近い土地を提供する用意がある」[29]。この発言から分かるのは、横浜市が水質汚濁という公害の存在を認めていること、そしてそのことを漁業者の転業の説得材料にして埋立を実現しようとしていることです。

ここで想起されるのが、日本を代表する環境学者の一人、宇井純（一九三二―二〇〇六）の議論です。水俣病の真相究明などに尽力するなかで宇井がたどりついた結論は、公害を高度経済成長のひずみや副産物と考えるのは誤りだということでした。なぜなら公害は高度成長の単なる結果ではない。公害が無視・許容されるような社会だからこそ、日本は高度成長を遂げたからです[30]。宇井の結論に対して一般的に応答するのは難しいですが、妥当する事例の一つが一九五〇年代後半の横浜に存在していたのは確かでしょう。

なお、横浜市の発言に登場する「鉄道」は国鉄根岸線のことです。桜木町―大船の国鉄建設は一九三〇年代から横浜市が要望していましたが、実現には至りませんでした。しかし臨海工業地帯の計画化にあわせて、敷設目的を従来の宅地・観光開発から根岸湾の工業地帯開発に伴う貨客輸送へと変化させることで、認可獲得に成功します[31]。六四年に桜木町―磯子が開業し、埋立地内に根岸、磯子の二駅が設置されました。その後、根岸線は七〇年に洋光台まで延伸され、七三年に大船に接続されます[32]。洋光台への延伸に際しては、横浜市は杉田駅での京急との接続を計画し、駅周辺の再開発を地元関係者に呼びかけましたが、これは実現しませんでした[33]。根岸線の新杉田駅は杉田駅から五〇〇メートル離れた埋立地内に設置され、京急とは杉田―京急富岡の間で立体交差しています。

【註】

(1)京浜急行電鉄株式会社編『京浜電気鉄道沿革史』同社、一九四九年、一〇二頁（横浜市立図書館デジタルアーカイブ「都市横浜の記憶」）。

(2)沼尻晃伸「都市部の動向」橘川武郎・粕谷誠編『日本不動産業史―産業形成からポストバブル期まで』名古屋大学出版会、二〇〇七年、一五六―五七頁。

(3)澤内一晃「湘南電気鉄道沿革史」『鉄道ピクトリアル』第九三五号、二〇一七年八月、前掲『京浜電気鉄道沿革史』一一八―一九頁。三三年度の純益は減資によるものです。

(4)小田急電鉄株式会社社史編集事務局編『小田急五十年史』同社、一九八〇年、一〇八―一〇頁。

(5)前掲『京浜電気鉄道沿革史』一一七頁。

(6)澤内、前掲「湘南電気鉄道沿革史」。

(7)以上、横須賀市編『新横須賀市史』別編軍事、同市、二〇一二年、五九六―六〇六頁、齋藤文一郎「ハイキングと要塞地帯法」『ハイキング』第一巻第五号、一九三二年八月、内田四方蔵『金沢の一〇〇年―六浦県から海の公園まで』横浜市金沢図書館、一九八七年、四四頁、東京湾要塞司令部「東京湾要塞地帯区域要図」一九三五年九月（上山和雄編『軍港都市史研究　Ⅳ横須賀編』清文堂出版、二〇一七年、九二頁）、京浜電気鉄道・湘南電気鉄道「京浜・湘南電鉄沿線案内」一九四一年（宮田憲誠『京急電鉄―明治・大正・昭和の歴史と沿線』ＪＴＢパブリッシング、二〇一五年、見返し）。齋藤、前掲「ハイキングと要塞地帯法」は、印度総督府「兵器生活」にて紹介されている（http://

www2.ttcn.ne.jp/heikiseikatsu/index.html、二〇一八年五月四日閲覧)。

(8)坂元光夫「金沢地域への都市形成論アプローチ」横浜市立大学経済研究所『地域社会形成の研究―横浜市金沢地域を中心として』同研究所、一九八五年、一一頁。

(9)中井修二「ハイキングとしての三浦半島」『ハイキング』第一巻第二号、一九三二年五月、四八頁。

(10)建設省『国土建設の現況』昭和三五年版、同省、一九六〇年、二一四―一五頁。

(11)京浜急行電鉄株式会社編『京浜急行八十年史』同社、一九八〇年、四九四―九九頁。

(12)神奈川新聞編集局編『緑の復権』神奈川新聞社、一九七四年、一四―一五頁。なお、上位一〇社のうち電鉄系は西武鉄道(三位)、東急不動産(四位)、小田急電鉄(七位)、富士急不動産(一〇社)で、京急を含めて五社が記録されています。

(13)以上、京浜急行電鉄株式会社編『京浜急行百年史』同社、一九九九年、一六六、二九二―九五、四〇〇頁、小川信訓『富岡抄誌』富岡青少年の家図書部、一九六七年、五二―五四頁。

(14)鹿島定『故源左衛門一周忌に際して―想い出のままに』私家版、一九七二年、三九―四〇頁。

(15)伊東静一・小川潔「自然保護教育の成立過程」『環境教育』第一八巻第一号、二〇〇八年七月、藤澤浩子『自然保護分野の市民活動の研究―三浦半島・福島・天神崎・柿田川・草津の事例から』芙蓉書房出版、二〇一一年、第六章。

(16)港南の歴史発刊実行委員会編『港南の歴史―区制一〇周年記念』同委員会、一九七九年、五八四頁。

(17)横浜市役所『横浜市第二十六回統計書』一九三三年、一三―第三九表(「都市横浜の記憶」)、前掲『京浜急行百年史』五九八―六〇一頁。

(18)長谷川敏雄『上大岡・歴史よもやま話』港南歴史協議会、二〇一六年、一二―一三頁、前掲『京浜電気鉄道沿革史』一一六頁、前掲『港南の歴史』五八二頁、神奈川県「起業目論見書記載事項一部変更ニ関スル件」一九二七年三月一日(国立公文書館所蔵「鉄道省文書」『湘南電気鉄道』巻二、平一二運輸〇一八一四一〇〇)、横浜市『横浜市町界町名整理図』一九二八年(「都市横浜の記憶」)。
(19)港南歴史協議会編『街づくりの歴史物語』同協議会、二〇一二年、八―一一頁、水沼淑子「横須賀市における住宅営団の住宅事業に関する研究」関東学院大学人間環境学会『紀要』第二四号、二〇一五年九月、奥住弘久『公企業の成立と展開―戦時期・戦後復興期の営団・公団・公社』岩波書店、二〇〇九年、第二章第一節、沼尻、前掲「都市部の動向」一六三―六四頁。三社の内訳は、谷津坂(現、能見台)駅そばで戦闘機の機銃を製造する大日本兵器、杉田・富岡で航空エンジンを製造する石川島航空工業、子安で砲弾を製造する関東工業(日産自動車から四二年に独立)でした。
(20)前掲『港南の歴史』五九六―九九頁。
(21)『広報よこはま』港南区版、一九八〇年六月。
(22)前掲『京浜急行百年史』五〇〇―〇五頁。
(23)以下、断りのない限り、小堀聡『日本のエネルギー革命―資源小国の近現代』名古屋大学出版会、二〇一〇年、第八章。
(24)服部一馬・斉藤秀夫『占領の傷跡―第二次大戦と横浜』有隣新書、一九八三年、一七五頁。
(25)横浜市長平沼亮三・神奈川県知事内山岩太郎・横浜商工会議所会頭半井清「国鉄根岸線延長計画促進に関する要望書」一九五六年(『桜大線関係綴　昭三二』神奈川県立公文書館所蔵、一一九九二〇一三九三)。
(26)鶴見俊一[横浜市港湾局・埋立事業局と運輸省第二港湾建設局との打ち合わせ記録」一九五七年六月三日(『港湾計画会議関係綴』、横浜市史資料室所蔵「横浜市各課文書(港湾局臨海開発事務所旧蔵)」No.七七九八)。
(27)神奈川県内湾漁業青年連合協議会「決議」一九五七年三月一六日(「各課文書」No.七四八九)。
(28)根岸湾漁協幹部発言(『根岸湾問題協議会議事録』第一回、一九五七年三月二六日、一〇―一一頁

〔『根岸湾問題協議会関係綴』神奈川県立公文書館所蔵、一一九九四一四一七一〕）。
(29)横浜市経済局長発言（〔神奈川県〕農政部水産課「根岸湾問題協議会部会出席復命書」一九五七年一〇月一九日〔前掲『根岸湾問題協議会関係綴』〕）。
(30)宇井純『公害原論』Ⅰ、亜紀書房、一九七一年（合本・新装版、二〇〇六年、二二一―二三五頁）。
(31)小風秀雅「根岸線着工経緯（一九三六～一九五七）―その建設意図をめぐって」『市史研究よこはま』第一三号、二〇〇一年三月。
(32)横浜市港湾局臨海開発部編『横浜の埋立』同部、一九九二年、六五―六六頁。
(33)横浜市『未来の副都心・杉田』一九六五年三月（「都市横浜の記憶」）。

第八章　富岡〜金沢八景―おもしろき土地の大衆化

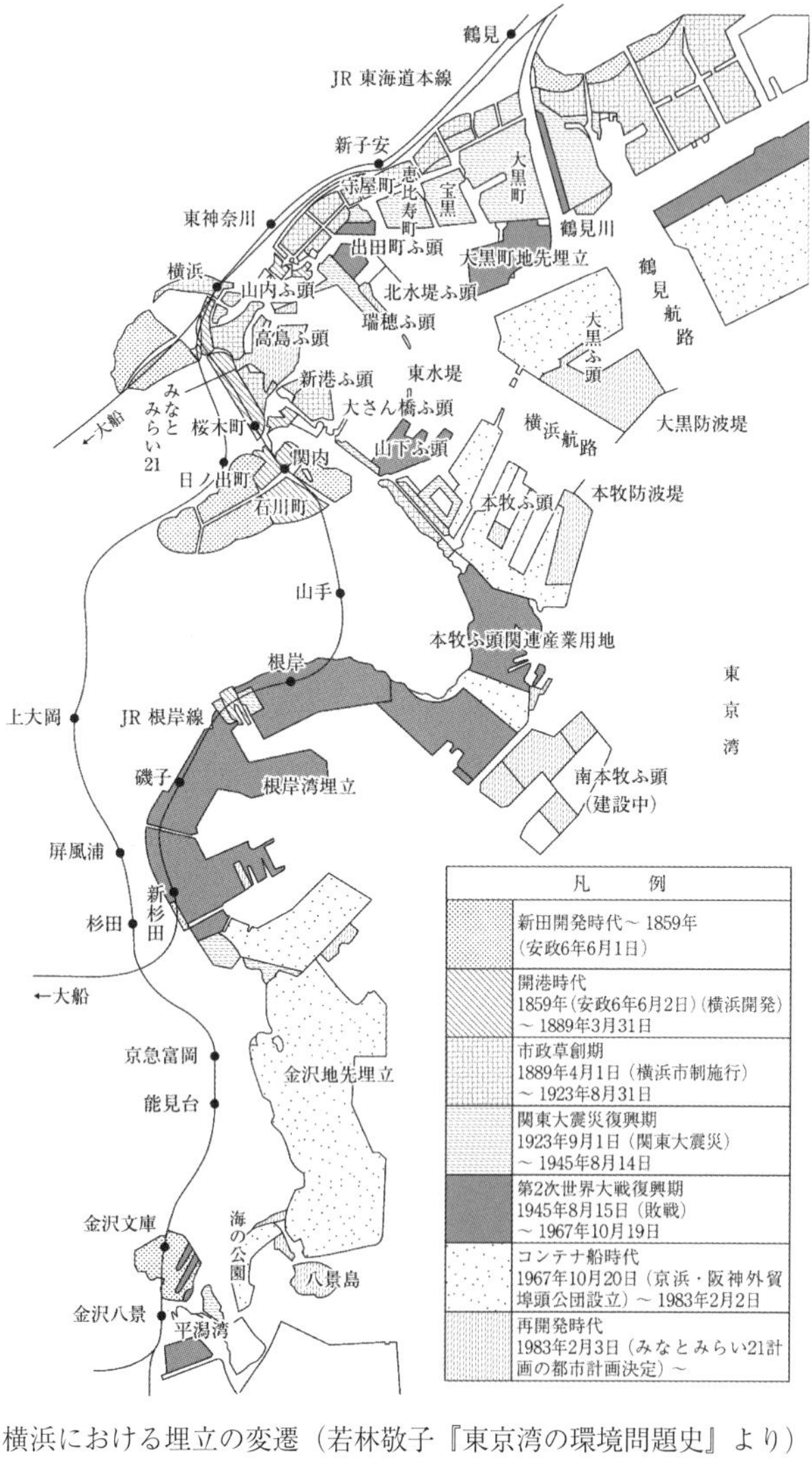

横浜における埋立の変遷（若林敬子『東京湾の環境問題史』より）

「海辺の空気は至て清涼にて、心持大によろしく候…（略）…日和のよき時には、後ろの山廻り、海岸の貝ひろひ等にて、余程おもしろく日を送り申候。さかなは近処の網引などに頼み候へば、随分沢山に取り来り候。是も亦余程面白《おもしろく》候[1]」。一八八六年（明治一九）六月、初代内閣総理大臣伊藤博文（一八四一―一九〇九）は平潟湾沖の夏島に別邸を建て、妻の梅子にこのような手紙を送りました。戦前・戦時の日本を大きく規定した大日本帝国憲法が伊藤ら四人で練り上げられたのは、この無人島での一夏のことです。

海水浴と軍需工場

武蔵国金沢の一帯は、近世以来その風光が讃えられ、八つの景勝を有する地として知られてきました。これが金沢八景で、夏島が浮かぶ平潟湾は八景の一つ「平潟落雁」にその名を残しています。金沢の地を気に入った伊藤は一八九七年にも野島に別邸を建築しており、この金沢別邸からは「乙艫帰帆」の乙艫《おっとも》海岸が望めます。杉田と金沢との間に位置する富岡海岸も明治一桁代から外国人が逗留して海水浴をしたことで知られ、明治一〇年代には井上馨、松方正義、三条実美ら政界要人も訪れる別荘地となりました[2]。

もっとも、明治期の金沢は「都人遊ぶもの少な」き土地で、一般の行楽地ではありませんでした。原因は「道路険悪」な交通事情にあります。一八九八年の観光ガイドは、「横浜よりすれば、十三峠の難所あり、鎌倉より行かんには、朝比奈の切通しにかゝりて山路を行く、人車あるも殆むと通すべからず」と述べ、官鉄横須賀線（八九年開通）横須賀駅から五〜六〇〇メートル歩いて「吉倉と呼べる船宿」まで行き、そこから船を利用することを勧めています[3]。ちなみに、伊藤たちは横浜から神奈川県庁や日本郵船の「小蒸気」で夏島に行きました[4]。金沢の近現代史は、伊藤ら要人が享受した環境が次第に大衆化していく過程であり、と同時に大衆化によってその環境が大きく変容していく過程といえます。

一八八七〜八九年に官鉄東海道線や横須賀線が開通すると、富岡や金沢は別荘地としての地位を大磯、逗子、葉山といった相模湾岸の諸地域に明け渡します[5]が、一九二〇年代半ばになると金沢への観光客は増加し始めました。その大きな要因は二二年の乗合自動車（バス）開通[6]でしょう。金沢は杉田から二〇分、逗子から一五分で結ばれるようになります。夏季には海水浴客用に東京霊岸島、横浜八幡橋から定期船も往復。地元でも海水浴客の受け入れ態勢を整え、脱衣場の設置などを青年会が行ないました。また、貝類養殖場の潮干狩りシーズン中の一般開放や地曳網の遊覧など、夏季以外の行楽客の増加にも努めます。

一九三〇年四月の湘南電鉄開通は、この流れに棹さしました。同年六月、金沢町は海水浴客の獲得に関して通達し、①貸間・貸家の賃貸料をなるべく安くし、暴利をむさぼらないこと、②飲料水に注意すること、③田畠の肥料だめにふたをすることなどを住民に要請しています。行楽地としての評判を出来る限り良くしよう、との意図がみられます。この通達が果たしてどの程度徹底されたかは不明ですが、その後湘南電鉄が横浜、品川に直通していく過程で海水浴客は激増し、

海水浴場のパンフ（1935年）

宿泊客も増加しました。金沢町の三二年八月調査によると、夏季の滞在客は三七六人で、全町で二万円（一戸平均一七円）の売上。金沢町では水稲生産額が四・一万、漁業組合の海苔生産額が四・〇万（いずれも三四年）ですから、海水浴は貴重な産業でした。(7)

　また、湘南電鉄も、一九三一年七月、乙艫海岸に海水浴場を開設します。(8) 湘南電鉄は乙艫海岸を「白砂に並ぶ翠緑の古松、海岸は砂原広く遠浅にして波穏か、清澄な海水、環境の美と共に海水浴の理想地」と宣伝し、総建坪六〇〇坪の海の家を建設。海の家には「海中に突出た涼味百パーセントの龍宮城に似た納涼台」などを設けるほか、「医師や看護婦、水泳の先生等」も配置することで、「御家族連れ御子様方の為めにも遺憾なく、好適の海水浴場」を創り出そうとします。金沢八景駅から海水浴場までは、社営バスを運行しました。(9)

　しかしながら、湘南電鉄開通後の一九三〇年代に進んだのは観光開発だけではありません。それは軍需工業化の時代でもありました。金沢一帯には、日本飛行機（三四年）、日本製鋼所横浜製作所（三六年）、浦賀船渠富岡兵器製作所（三八年）、石川島造船所航空機部（三九年）などが相次いで進出します。のち富岡兵器製作所は大日本兵器に、航空機部は石川島航空工業に改組され、上大岡に社宅が建設されました（第七章参照）。また、大日本兵器の通勤客用として四四年に設置されたのが谷津坂駅です。これらの工場は何れも海軍と関わりが深く、それゆえに、軍都・横須賀に隣接し、かつ湘南電鉄が開通した金沢一帯を進出先に選んだのでした。この間、三六年に金沢町と隣の六浦荘村とは横浜市磯子区に編入されます（四八年に金沢区として分区）[10]。

やがてアジア太平洋戦争が深刻化すると、一九四三年から鎌倉、逗子、大磯以外の海水浴場への入場は原則団体のみとされ、四四年には横浜市中区から三浦郡三崎町に至る東京湾沿岸の海水浴は原則許可しない方針がとられました[11]。また、四五年六月一〇日には、日本飛行機富岡工場を目標とする空襲が実施されます。この富岡空襲は横浜大空襲のような無差別爆撃とは異なる精密爆撃でしたが、実際には工場周辺の民家や本牧にも爆弾が投下され、数百人が亡くなりました。この際、東急湘南線の乗客も被災し、爆風で数十人が即死しています[12]。そして、伊藤が夏島で練り上げた大日本帝国憲法の時代も終わりました。

埋め立ててニュータウン—平潟湾

金沢区域も敗戦後は宅地開発と埋立の時代でした。一九三〇年に一・一万人だった人口は、一一・一万人（三九年）、五・六万人（五〇年）、七・一万人（六〇年）、一〇・九万人（七〇年）、一五・五万人（八〇年）へと増加します。また六〇年代以降、横浜市がその埋立区域を根岸湾からさらに南下させたことで、金沢の自然海岸は失われていきました（本章扉）。そして、一連の埋立には京急も大きくかかわっています。

横浜市が一九六二年（昭和三七）に決定したのが平潟湾の埋立です。平潟湾では追浜に一六年に設置された横須賀海軍航空隊の拡張に伴い埋立が進行し、夏島も陸続きになるなど、その範囲は二〇年代以降次第に狭められていきます。そして六二年の横浜市の事業は、湾の半分を浚渫し、その土砂も利用して四割（二三ヘクタール）を埋め立てる大規模なものでした。この事業によって湾は、幅二五〇メートル、長さ一キロの水路に変貌します。[13]横浜市はこの事業が「平潟湾の風致性を高め」ると当時説明していました。[14]なぜ、埋立と浚渫とが風致性を高めるのか。

侍従川など四本の河川が注ぐ平潟湾では、横浜市の事業計画当時、「干潮時には堆積土砂やじん芥等が露呈し、著しく美観を損ね」る状態となっていました。そこで横浜市は、「保健衛生上の見地からも湾内の浅い部分をしゅん渫し、そのしゅん渫土砂をもって湾内の一部を埋立て、周囲の環境に適応した住宅地を建設」することにしたのです。[15]「美観」のためだけでしたら湾の全域を浚渫することも考えられますが、横浜市はそうはしません。浚渫と同時に埋立もすれば、浚渫費用を抑制できるばかりか、土砂の運搬費用も抑えつつ宅地を提供できる点で、「一石二鳥」だからです。[16]これに対して、平潟湾に面する関東学院（四六年に横浜市南区から移転）は、「天下の名勝金沢八景は横浜市のみならず日本の文化財」であり、埋立は「青少年スポーツレクリエーションの場を失う」[17]といった理由で反対しましたが、大きなうねりにはなりませんでした。

埋立事業は一九六二年に横浜市会で可決され、六三年四月に横浜市と京急とが埋立地売却仮契約を締結。六六年に竣工し、四三五区画の金沢八景平潟ニュータウンが建設されます。[18]一方の平潟湾では、汚水の流入により、七〇年代前半まで水質の悪化が続きました。結局のところ、「美観」はますます損なわれたのです。水質が改善へと向かうのは、下水道の整備などが進んだ九〇年代のことでした。現在では、アマモ場の再生活動も始められています。[19]

埋め立てて「近代化」――金沢地先埋立と釜利谷開発

ついで一九六五年、横浜市は富岡から野島にかけての金沢地先一帯の大規模埋立計画を発表します。[20]根岸湾や平潟湾の埋立が保守市政下だったのに対し、この金沢地先埋立を計画したのは日本社会党を与党とする飛鳥田一雄革新市政（一九六三～七八年）でした。磯子区出身で日本社会党代議士から市長に転身した飛鳥田は、福祉や公害対策に積極的に取り組んだことで知られ、事実、根岸湾の公害は鶴見・川崎といった戦前来の工業地帯とは異なり、飛鳥田の政策によってかなり抑制されました。[21]と同時に、飛鳥田は横浜の自然海岸をほぼ消滅させた人物でもあります。横浜市が七〇年以降、金沢地先六六〇ヘクタールを順次埋め立てた結果、市内の自然海岸は全長五〇〇メートルの野島海岸のみとなりました。

飛鳥田が金沢地先埋立を計画したのは何故か。それは埋立が市民生活の向上に資すると考えたからです。

まず、飛鳥田が最も問題視したのは、中区や西区など横浜市都心部の生活環境でした。具体的には、住工混在がひどく、水際線もその多くが産業用地で占められていることです。そこで、都心部の中小工場や三菱重工業横浜造船所などを金沢地先に移転することで、住工混在に伴う公害を解決するとともに、都心臨海部に公園を造成することを計画したのです。この構想の延長線上に実現したのが、赤レンガ倉庫、横浜ランドマークタワー、パシフィコ横浜などから成るみなとみらい二一地区です。横浜都心の「過密地帯をそのままほうっておいてぼくは金沢の海だけを楽しむということでいいだろうか。私は少なくとも横浜全体の責任者としてこのことについて決断をせざるを得ない」というのが飛鳥田の思想でした。

また、埋立地に下水処理場や清掃工場などを建設するとともに、高速道路を通すことで国道一六号の渋滞も緩和できるため、埋立は「金沢の近代化」にもつながると訴えます。戦時期の工業化や戦後の宅地開発が、下水道や道路などの整備を欠いたまま行なわれてきたことによる金沢の〝前近代的〟な歪みを、一挙に解決しようとの目論見といえましょう。なお、自然海岸を消滅させることについては、埋立地に人工砂浜と人工島とを代わりに設けることで、「新しい自然をここに造成したい」と論じます。[22] これが、海の公園と八景島の起源です。

この金沢地先埋立の最終区画造成事業と関連付けられて実施されたのが、京急釜利谷開発です。一九六三年頃から一帯の用地買収を進めた京急は、六九年頃までに三二五ヘクタールを取得し、開発の意向を横浜市に示していました。[23]しかし市は取得用地の八五パーセントを七〇年に市街化調整区域に指定し、開発規制をかけようとします。横浜市初の市街化調整区域での大規模開発として注目されるなか、七三年五月、横浜市は「市街化調整区域は、今後永久に開発をしないというのではなく、文字通り市街化の調整を行なう区域」との趣旨から開発自体は認可する方針を打ち出すとともに、以下のような厳しい条件を課しました。①収用計画人口を三・三万人から二万人に引き下げ、②調整区域の開発では、住宅地面積を二六パーセント以内とし、恒久的緑地を六二パーセント設定、③高速道路（仮称横浜―小田原線）のトンネル方式での開発予定地内通過、④金沢文庫駅前西口広場の整備、⑤排出土砂を排土トンネルで金沢埋立地まで無償提供。つまり横浜市は、京急の開発を抑制しつつも全面的には規制しないことで、埋立などの都市計画事業の促進を図ったのです。[24]

しかし横浜市が埋立と釜利谷開発とをワンセットにしたことは、「金沢の自然と環境を守る会」（守る会）など自然保護を掲げる開発反対運動を活発化させました。同じ一九七三年には石油危機も発生し、土地需要の停滞やインフレの影響も顕在化。金沢地先埋立の最終区画については、既に漁業補償を終えていたことや既埋立区画への進出予定企業の要求もあり、着工にこぎつけますが、[25]京急釜利谷開発は一時停滞します。

そこで京急は翌一九七四年に、横浜市が釜利谷の造成事業に参加することや、釜利谷から金沢地先への土砂搬出を一時延期することなどを市に要請しました。[26]しかし横浜市は、「市が反対運動の矢面て《ママ》に立つ恐れがある」などの理由で前者に難色を示し[27]、後者についても「将来の事業実施に重大な支障をきたす」との理由で、千葉県浅間山からの土砂購入を決定します[28]。このままでは釜利谷開発の前提条件が崩れかねません。京急は横浜市の浅間山からの土砂購入は認めたものの、「二〇〇億に及ぶ資産が将来とも手つかずということでは社の命運にかかわるので、開発問題については、ひきつづき協議をさせて頂き、たとえ一部の土であっても工程のつまり具合によっては、当社からの排土を役立てたい」と開発への意欲を飛鳥田に示しました[29]。

その後京急は町内会単位での説明会を繰り返し、全一五町内会のうち一一町内会から同意を得た一九七六年九月、「これ以上の急激な進展をはかるには、町内会・自治会の内部に種々の問題が生ずるおそれがあ」るとの理由で、飛鳥田に工事の着工許可を要請します[30]。翌一〇月、横浜市は開発を事実上許可し、同年内に排土トンネル工事が着手されました。造成工事も七八年に始まります。分譲地は能見台と命名され、その入り口の谷津坂駅も八二年に能見台に改称されました。能見台は開発地内の旧跡能見堂から採用されたもので、八景はこの能見堂からの眺めといわれています。金沢八景と同様、かつての名勝は駅名に痕跡を留めることとなったのです。

なお、トンネル工事の遅れの結果、釜利谷から金沢地先への土砂搬出量は当初予定を下回りましたが、海の公園の造成などに使用されました。その一方で、対岸の八景島に一九九三年に開業したのが、西武鉄道グループを中心とする八景島シーパラダイスです[31]。

開発に抗する人びと

公害も利用しつつ進められた一九五〇年代の根岸湾埋立（第七章参照）に比べれば、飛鳥田の金沢地先埋立や釜利谷への開発規制は、市民の生活環境を重視したものといえるでしょう。だが、全ての住民が飛鳥田の構想に納得したわけではありません。金沢地先埋立や釜利谷開発は自然保護を掲げる反対運動が活発に展開された点で、生活権を求める漁業者以外に目立った反対運動のなかった根岸湾埋立や、関東学院が名勝の保全を訴えたものの盛り上がらなかった平潟湾埋立とは大きく異なっていました。守る会は最終区画の埋立中止と自然海岸の保全とを訴え、七四年一一月までに約二万筆の埋立反対署名を集めています（金沢区内有権者は一一万人）[32]。

金沢の自然と環境を守る会の陳情（神奈川県庁にて）
（『神奈川新聞』1973 年 10 月 28 日）

守る会などの反対運動は「埋立事業が着手された当時［一九六八年］に比べて、七〇年代の公害の多発と都市問題のひん発は自然および生活環境に対しての価値観を大きく変え」たと考え[33]、たとえ横浜市が計画を縮小するとしても「それはメンツをつぶすこと」

ではなく、「時流をつかんだ知見」として将来評価されるだろうと訴えました[34]。そして、「公害さえ起さなければ自然の破壊は軽視する議論が、当事者の間でよく聞かれる」ことを批判し[35]、「金沢の海だけは、貴重なる自然財として保存し、長く子孫に伝えるべき」との主張は果たして「巨視的展望を欠如した単なる地域エゴイズムに過ぎないと一蹴すべき」かと問いかけます[36]。走り出した公共事業や用地買収済みの開発を止めるのはやはり難しく、こうした主張が多数派を得ることはなかったのですが、都市近郊の身近な自然を尾瀬のような山村の自然と等しく評価し、その喪失を不可逆的な損失ととらえる価値観が広がりをみせたのは確かです。

最後に、こうした新しい価値観の論拠として、以下の意見が残されたことを紹介しましょう。「戦後、金沢の地は、軍国主義日本の海軍基地から明るい文教地域へと目標を新たに再出発しました。いまこそ戦後金沢出発の原点が想起されるべきだと考えます[37]」。一九七〇年代初頭は未だ、戦争や戦後の民主化が住民の身近な記憶にある時代でした。

【註】

(1)春畝公追頌会編『伊藤博文伝』中、同会、一九四四年、五二八頁。
(2)内田四方蔵『金沢の一〇〇年—六浦県から海の公園まで』横浜市金沢図書館、一九八七年、二二五—二三六頁。
(3)橋本繁「金沢案内」『風俗画報』臨時増刊一七一号、一八九八年八月二〇日、三一—三二頁(内田、前掲『金沢の一〇〇年』四二—四三頁)。

(4)「金子子爵ノ食堂ニ於ケル挨拶大意」〔一九二六年一一月二七日〕(「夏島憲法起草遺跡記念碑建設関係(二)」海軍省『公文備考』土木二五止巻一〇六、防衛省防衛研究所所蔵、JACAR〔アジア歴史資料センター〕Ref.C04015396200)。

(5)島本千也「湘南の別荘地化―鵠沼地区を中心として」「湘南の誕生」研究会編『湘南の誕生』藤沢市教育委員会、二〇〇五年。

(6)小川信訓『富岡抄誌』富岡青少年の家図書部、一九六七年、六〇―六一頁。

(7)以上、内田、前掲『金沢の一〇〇年』七八―八〇、一〇五―〇八頁。

(8)京浜急行電鉄株式会社編『京浜電気鉄道沿革史』同社、一九四九年、一〇頁(横浜市立図書館デジタルアーカイブ「都市横浜の記憶」)。

(9)湘南電気鉄道「海へ」一九三五年(名古屋大学大学院経済学研究科附属国際経済政策研究センター情報資料室所蔵)。

(10)内田、前掲『金沢の一〇〇年』一一一、一二一、一二九頁、久保信一「地域社会と工業」横浜市立大学経済研究所『地域社会形成の研究―横浜市金沢地域を中心として』同研究所、一九八五年、一四七―一四八頁。

(11)内田、前掲『金沢の一〇〇年』一〇八頁。

(12)佐伯隆定『武州富岡史話』慶珊寺、二〇一三年、一四六―五九頁、横浜市・横浜の空襲を記録する会編『横浜の空襲と戦災』第一巻、同会、一九七六年、五九二頁、羽田博昭「横浜の空襲」横浜市史資料室『市史通信』第二二号、二〇一五年三月。

(13)以上、内田、前掲『金沢の一〇〇年』九七―九八、一〇四―〇九、一二〇―一二一、一三二頁、横浜市港湾局臨海開発部編『横浜の埋立』同部、一九九二年、一一一―一一四頁。

(14)「平潟湾埋立計画の概要」一九六二年九月二四日(横浜市会団長会議配布資料、『平潟湾埋立関係書綴』、横浜市史資料室所蔵「横浜市各課文書（港湾局臨海開発事務所旧蔵）」No.七二一六）。

⒂内山岩太郎（神奈川県知事）発／関東学院大学理事長、同大学長宛「平潟湾内公有水面の埋立てについて（回答）」一九六三年八月三〇日（前掲『平潟湾埋立関係書綴』）。

⒃［横浜市罫紙へのメモ］一九六三年三～五月頃（時期は資料の前後関係より推定、『平潟湾関係』綴、横浜市史資料室所蔵「草川正家資料」No.二三）。

⒄学校法人関東学院「金沢八景平潟湾埋立反対の件陳情」一九六三年五月二一日（前掲『横浜の埋立』二二二―二二三頁）。

⒅前掲『横浜の埋立』一一一―一一四頁。

⒆横浜市公害研究所『平潟湾・金沢湾周辺水域環境調査報告書』一九八六年、横浜市環境保全局『平潟湾の干潟域の生物相調査（平成九年度～平成一五年度の経年変化）総括報告書』二〇〇五年、『神奈川新聞』二〇一八年五月一日。

⒇以下、二段落は断りのない限り、小堀聡「臨海開発、公害対策、自然保護―高度成長期横浜の環境史」庄司俊作編著『戦後日本の開発と民主主義―地域にみる相剋』昭和堂、二〇一七年。
㉑ただし、根岸湾の公害対策には、公害発生源を横浜市外に移転するだけに終わる事例もありました。根岸湾における公害対策の経緯や成果と問題点については、小堀、前掲「臨海開発、公害対策、自然保護」、伊藤康『環境政策とイノベーション―高度成長期日本の硫黄酸化物対策の事例研究』中央経済社、二〇一六年、第二章、第六章。
㉒以上、引用部は飛鳥田一雄発言（『横浜市会会議録』一九七三年五月二三日、二五八―七一頁、七一年一一月二九日、五七八頁〔「都市横浜の記憶」〕）。
㉓京浜急行電鉄株式会社「京急釜利谷地区（金沢地先埋立事業）について（お願い）」一九七四年一一月一二日（『首脳部会議四九年一一月一八日（月）』綴、横浜市史資料室所蔵「鳴海正泰家資料」

二六)、同編『京浜急行百年史』同社、一九九九年、四三〇頁。
(24)横浜市『京急釜利谷地区開発について』一九七三年五月、一―六頁(「都市横浜の記憶」)。
(25)小堀、前掲「臨海開発、公害対策、自然保護」。
(26)前掲『京浜急行百年史』四三三頁、都市開発局「首脳部会議々題―京急要望事項対応策」一九七四年九月一八日(『首脳部会議四九年九月一七日(火)』綴、「鳴海正泰家資料」一二)。
(27)都市開発局、前掲「首脳部会議々題―京急要望事項対応策」。
(28)都市開発局「金沢地先埋立事業の変更(案)について」[横浜市会]全員協議会資料、一九七四年一一月二一日開催(前掲『首脳部会議四九年一一月一八日(月)』綴)。なお、東京湾の埋立には房総半島の山砂が大量に使われており、これは房総の環境に大きな影響を与えました。佐久間充『ああダンプ街道』岩波新書、一九八四年、同『山が消えた―残土・産廃戦争』岩波新書、二〇〇二年。「横浜全体」を考えた飛鳥田の政策は、房総の公害や自然破壊とつながっていたのです。
(29)佐藤晴雄(京浜急行電鉄会長)発言(「横浜市・京浜急行電鉄KKトップレベル会談(第一回)の要旨」一九七四年一一月一二日〔前掲『首脳部会議四九年一一月一八日(月)』綴〕)。
(30)片桐典徳(京浜急行電鉄社長)発/飛鳥田一雄宛「当社釜利谷地区開発について(お願い)」一九七六年九月二七日(田口俊夫「横浜市における宅地開発要綱制定と変化の経緯分析―革新首長飛鳥田一雄と都市プランナー田村明の働きを通じて」二〇一七 年九 月一六 日、四九頁〔NPO法人田村明記念・まちづくり研究会、https://www.machi-initiative.com/〕)。
(31)以上、前掲『京浜急行百年史』四三四―四九頁、前掲『横浜の埋立』一四七―四八、二四〇頁。
(32)「第六回神奈川自然保護連盟大会・記録(昭和四九年一一月二四日・鎌倉マリンプラザ)」神奈川自然保護連盟『五〇年度大会　参加団体報告書』一九七五年一一月三〇日、二頁(神奈川県立公文書館所蔵「佐々井典比古氏関係資料」二六〇一一二〇〇五三二)。

(33) 金沢の自然と環境を守る会「金沢地先三号地埋立てを許可しないことについて請願」一九七三年六月一一日（『神奈川県議会六月定例会会議録』請願番号二九〇）。
(34) 神奈川自然保護連盟「金沢地先き《ママ》海岸埋立計画の問題点について―何故我々が埋立て中止を主張しているか」一九七三年六月（神奈川県立公文書館所蔵『建設常任委員会陳情七』綴、一二〇〇四四一四二八）。
(35) 金沢の自然と環境を守る会「金沢海岸埋立の虚偽」（前掲、神奈川自然保護連盟『五〇年度大会　参加団体報告書』二頁）。
(36) 飯田耕作（守る会会長代行）「金沢地先埋立に対する陳情書」一九七三年九月（神奈川県立公文書館所蔵『建設常任委員会陳情五』綴、一二〇〇四四一四二四）。
(37) 横浜市立金沢高等学校教職員一同「陳情書」一九七三年九月二九日（前掲『建設常任委員会陳情五』綴）。

第九章　逗子海岸と馬堀海岸――残る砂浜、消えた砂浜

湘南逗子駅（戦前）（逗子市提供）

イケゴ・キャンプの池子ゲート前（1961年）（逗子市提供）

湘南電鉄は金沢八景で逗子方面の支線と浦賀方面の本線とに分かれます。湘南電鉄は逗子線終点にある逗子海岸を以下のように紹介しました。「夏と云へば海水浴…、海水浴と云へば逗子…、と云ふ程逗子の海水浴場は関東に於ける古い歴史を持つ海水浴場であります。それ丈けに総ての設備が完備されて居りますが、又一方東京からの游客の為め雑踏を極める遺憾もありますが一度は訪ふべき海水浴場で」す[1]。実際、湘南逗子駅はこの「古い歴史を持つ海水浴場」に相応しい駅舎でした（本章扉）。逗子開通翌年の一九三一年（昭和六）には葉山口乗降場まで四〇〇メートル延伸し、海水浴客への便宜も図ります[2]。

湘南ブランドと公害移出—逗子海岸

ここで立ち止まって考えたいのは、この「古い歴史」が果たしていつからか、ということです。そもそも海水浴自体が明治期に始まった「歴史」に過ぎません。

逗子が避暑地や海水浴場として発展していく土台は、一八八九年（明治二二）の官鉄横須賀線開通でした。交通の良さは前章の金沢や富岡との大きな違いです。そして九四年に隣接の葉山に御用邸が作られると、別荘地化が進み、九八～九九年に徳富蘆花の新聞連載小説「不如帰」（逗子が主要舞台）が人気を博すと、その知名度は一層高まりました。逗子は小説の〝聖地〟を訪れる若者で賑わいます。湘南の名を著名にしたのも蘆花が逗子で綴った「湘南雑筆」で、蘆花は逗子や湘南のブランド化に大きく貢献しました[3]。一九〇八年の観光ガイドには、六月末から九月の逗子・葉山には「有らゆる階級の有らゆる人士が潮の如く都門の暑さを避けて此一郷に流れ込」み、「金の雨が降る」と早くも記されています。[4]

また、その後の逗子の行楽地化を考える上で見逃せない史実に、とある工場の撤退がありました。[5]この工場は、一八八八年から葉山でヨードを製造していた鈴木製薬所が一九〇五年に建設したもので、当初は硝酸やアルコールを製造していました。しかし、創業家の鈴木三郎助がうま味調味料の生産を〇八年に開始します。これは化学者の池田菊苗との契約によって事業化されたもので、その名は味の素。鈴木の逗子工場は合計三七五坪の小さな建物でしたが、味の素の生産に多量の塩酸を使用しており、しかも設備が不完全であったため、近隣の農家から作物被害への苦情が寄せられます。また、澱粉の廃液を逗子海岸が河口の田越川に流していたことにも漁民たちからの苦情が続出しました。

これらに対して鈴木は、農業被害への賠償金を支払うとともに、廃液は「溜めて置いて船で葉山沖へ捨てに行った事もあるが、そういう手数のかゝる事は永続きせぬので、今度は大雨の降る夜を待って夜中に川へ流す」といった対応をとります。しかし、農漁民のみならず別荘や警察からの苦情も絶えず、やがては損害賠償よりも工場の操業中止や移転が要望されるようになります。そこで鈴木は、製造量の増大により工場が手狭になってきたことも考慮し、工場移転を決断。水運と用排水とに便利な土地を探します。

鈴木が先ず目をつけたのは多摩川沿いの東京府六郷村でした。が、地元の農漁民から反対運動が起こり、話が進みません。そこに助け舟を出したのが対岸の川崎町でした。川崎でも反対はありましたが、工場誘致を進める石井泰助（第二章参照）らの尽力により、一九一四年に移転が実現します。そして結局、味の素は川崎でも公害を発生させ、少なくとも農業には被害を及ぼしたのでした。[6]

一方、逗子は一九一〇年代以降、さらに活況を呈し、二六年八月の新聞では「逗子海岸の如きは芋を洗ふ混雑」、「迷児が三十名、混乱の逗子海岸」、「停車場から行列、海岸まで連続す」と報じられるまでになります。[7]しかも、この記事とほぼ同時期に、新子安でも海水浴場が消滅し、工業化が進んだことは、第五章でみたとおりです。明治期まではともに農漁村であった京浜間諸地域と逗子とは、片や工業地帯、片や行楽地へと再編成されたのでした。[8]

湘南電鉄の隙間戦略

冒頭のパンフで面白いのは、「雑踏を極める遺憾」といったマイナスイメージがわざわざ記されていることです。実は、湘南電鉄は逗子には直営の海の家を定期的に開設することはしませんでした。これは鉄道省（つまり国鉄）の海の家が一九二九年に既に開設されていたためと思われます。二〇年代になると、逗子、鎌倉など相模湾岸諸地域の行楽客獲得競争が本格化しており、鉄道省の海の家は逗子町の積極的な誘致政策によって実現したものでした。海の家は開設当初から賑わっており、[9]湘南電鉄はあえて縄張りを侵すことを避けたのでしょう。その代わりに湘南電鉄は、逗子よりも知名度の劣る東京湾岸の海水浴場を開発します。それが金沢八景の乙艫海岸（第八章参照）と馬堀海岸とでした。

浦賀町（一九四三年に横須賀市に編入）の馬堀海岸はそれまで無名で、その駅舎も湘南逗子とは比べ物にならない粗末なものでした（写真参照）。が、湘南電鉄は「まだ余り俗人に汚されない所に強いローカル・カラーがあ」[10]ると宣伝します。一九三〇年七月に海の家を設置し、毎年継続しました。さらに三六年には西隣の大津海岸（湘南大津下車）と一体的に運営して大規模な納涼台を設備します。大津では湘南乗合自動車が海水浴場を経営していましたが、湘南電鉄が同社を吸収合併したため、統合されたのでした。

馬堀海岸駅（1948 年）（『京浜急行八十年史』より）

しかし、一九四一年には大津海岸の一部が埋め立てられ、海の家は中止されました。また逗子線も不要不急との理由で四二年九月に葉山口が廃止され、四三年には全線が単線化されます。撤去された線路は相模鉄道神中線（現、相鉄本線）の複線化工事に充当されました。これは、神中線沿線の軍需工場向け輸送力の増強を図りたい海軍の要請です。しかも同年には逗子町自体が、一大軍港都市の建設という海軍や横須賀市の意向により横須賀市に編入され、消滅しました[11]。

学校のない住宅地――西武鉄道と馬堀海岸

結局、逗子・馬堀両海岸の復活を可能にしたのは敗戦でした。逗子線では一九四八年に葉山口の位置に逗子海岸駅（現、新逗子）が開業し、五八年にかけて順次複線化されます。五二年以降夏季には海水浴向けの特急が運行され、社営海の家が逗子・馬堀両海岸などに設置されました。この間、五〇年には逗子町も横須賀市から分離・復活し、五四年に市制が実現します[12]。

もっとも、一九六六年の三浦海岸開通に前後して、京急は三浦海岸への投資を重点的に進め（第一二章参照）、逗子・馬堀の地位は低下します。しかし、両者のその後は大きく異なるものでした。逗子が京急の戦略に左右されることなく、海水浴場としての地位を現在まで保つ一方、馬堀では海水浴場自体が消滅します。六九年、堀ノ内―馬堀海岸間の沿岸部七〇ヘクタールの埋立が竣工しました。これは六五年に開始された事業で、敷地の五三パーセントが二三〇〇戸の住宅地。残りが商業施設、公園、市民プールなどです[13]。プールは海水浴の代替措置といえるでしょう。近隣の小学校はかつて海岸で水泳の授業をしていましたが、埋立後はこの市民プールまで通っています[14]。

ただし、馬堀海岸を埋め立てたのは京急でも横須賀市でもなく、堤康次郎（一八八九―一九六四）率いる西武鉄道不動産部（のち西武不動産）でした。堤は一九五三年頃から三浦半島に注目し、関連会社による土地買収を各地で進めていました。その主目的は当初観光開発でしたが、六〇年代になると宅地開発に軸足を移します。たとえば、追浜駅裏の鷹取山も西武系に全て買収され、ゴルフ場などの観光開発が計画されたのち、宅地化されました[15]。五六～七三年六月の横須賀市内宅地開発面積（工事中、未着工含む）をみると、西武は七六九ヘクタール（市内全体の三三・五パーセント）で第一位。一方、京急は四〇九ヘクタール（同一七・九パーセント）で第二位に甘んじていました[16]。

馬堀・大津海岸で西武が地元漁協との間で埋立承諾書を交わしたのは一九六〇年末のことです。この時はヘルスセンターの建設が報じられましたが、翌六一年六月に横須賀市に四〇ヘクタールの埋立を申請した時点では「模範的な住宅地」へと変更しています。しかし横須賀市は、西武への返答を保留しました。同地域では横須賀市も「工業地帯」（八三ヘクタール）の造成を構想していたからです。また、市は京急が競願してくる可能性も気にしていたようです[17]。

そこで堤が頼りにしたのは、神奈川県知事の内山岩太郎でした。一九六一年八月、堤は内山に横須賀市長の長野正義を紹介するよう依頼。内山はこれを受諾します[18]。その後一〇月二日に堤は横須賀を訪れ長野と会談し、「『もうひと押しすれば許可になる。京急は名乗り出まい』」との感触を得ました。そこで西武は、補償金の半額を漁業者に先払いすることで埋立を既成事実化するとともに、埋立計画は市の方針に従う態度を示します[19]。

京急が積極的な動きをみせないなか、翌一九六二年二月六日、長野は書類持参の上、単身で内山を訪れました。この書類は埋立許可の条件に、①埋立面積を四〇ヘクタールから六九ヘクタールに拡大、②これによって公共用地を確保し、幹線道路（現、国道一六号）も護岸背後に通す、

③隣接区域を「西武以外の者に埋立をさせないというような密約」をしない、④工事期限の厳守、などを挙げ、内山に西武への仲介を依頼します。[20] 長野は「堤さんが御承知下されば市会を通す自信がある」と口頭で付け加えました。[21] これらに対する堤の返事は不明ですが、のち長野は内山に堤の「御承諾」への謝意を伝えており、前向きなものだったのでしょう。[22] 横須賀市―西武のトップレヴェルで事態が打開されたのです。その後、市と西武との具体的な交渉を経て、六三年に埋立は無事認可されました。[23]

ですが、認可と同時に交わしていた覚書のある条項が、のちに問題となります。[24] それは、「埋立地の造成により、将来、児童生徒の増加を来たした場合、乙〔西武〕は学校施設について甲〔横須賀市〕に協力する」の一文でした。[25] しかし小学校は建設されず、必要敷地面積の時価三分の一相当の金額を西武が市に支払うことで七二年に合意。しかも同年に横須賀市は、市場用地として、埋立地内の一角を西武から時価で購入しました。このため、当時の長野市長と横山和夫助役（七三年から市長）とを被告とする住民訴訟が七三年に起こされます。

それだけではありません。横須賀市は児童数の増加を受けて、結局一九七四年に別の宅地造成地（現、桜が丘）に学校敷地を購入し、翌七五年四月に開校しました。それまで馬堀海岸駅近くの小学校に通学していた埋立地の小学生は、ここに転校することになります。が、この新設校の場所は、埋立地から最長一・八キロメートル離れており、かつ急勾配な坂道を上った高台にありました。しかも未だ造成中のため、「登下校の経路周辺は全く人家等が無」く、「道路すら半ばは未完成であり、それらが完成され相当数の人が住むにはなお数年を要するものと推測」されます。[26]のみならず、交通量の多い国道一六号（現、県道二〇八号）を必ず横断しなければならない。これらのことに治安上、交通安全上の不安を感じた保護者は、現在と同じ小学校への通学を求めて、新設小学校に「通学させたくない親の会」を結成。約四〇〇筆の署名を集めました。

これらの訴訟と住民運動とのうち、住民訴訟は敗訴。[27]また、学区については一九七四年一〇月一日現在の入居者には従来通りの登校を認める一方、それ以降の入居者には新設校への登校が義務づけられました。つまり、入居日によって登校先が異なる事態となります。その後も馬堀海岸や桜が丘の児童急増を受けて、大津・馬堀では八〇年までにさらに三回の学区再編が繰り返されました。状況が落ちつくのは八〇年に新大津駅附近に小学校が新設されて以降のことです。[28]

一連の学区再編への住民の反応は決して否定的なものだけではなく、安易な一般化は躊躇《ためら》われます。[29]とはいえ、以下の三点は確かでしょう。まず、一九六〇〜七〇年代の急速な臨海開発は自然破壊以外にも多様な問題を引き起こしており、馬堀海岸ではそれに対する異議申し立ても複数のかたちで行なわれたこと。ただし第二に、その矛先は横須賀市であり、たとえば京急釜利谷開発（第八章参照）に比べると、住民も横須賀市も大企業の社会的責任を争点にしきれなかったこと。そして西武は、開発コストの抑制に〝成功〟したこと。

軍隊と自然保護──池子の森と馬堀自然教育園

堤が三浦半島を買収し始めたのが一九五三年頃であることからも窺えるように、三浦半島が敗戦まで要塞地帯であったことは、開発を抑止し、結果論ながら自然保護を図る効果がありました。しかし、高度成長期に入り、米軍接収地以外の旧軍用地の開放が進むなかで、急激な自然破壊への危機感が三浦半島の自然保護活動家たちから語られるようになります[30]。

その後一九八〇年代に入り、こうした危機感が継続的な行動として現れたのが、米軍池子弾薬庫跡地を巡って争われた米軍住宅建設反対運動でした。逗子線の六浦─神武寺沿いに広がる池子弾薬庫は、戦時中に海軍が強制買収して爆薬庫などに利用していた二八八ヘクタールを四五年に米軍が接収したものです（イケゴ・キャンプ）。用地の八七パーセントは逗子市（残りは横浜市）に所在し、逗子市総面積全体の一五パーセント弱を占めていました。そして戦前まで薪炭林として利用されていた一帯は、米軍の弾薬庫利用のために手つかずとなった結果、自然林へと遷移していきます。

逗子市は一帯の返還を在日米軍に継続的に要求しており、この間に弾薬庫は「池子の森」として市民から眺められる存在となりました。そして一九七八年に弾薬庫が事実上閉鎖された頃から、逗子市は全面返還と国営自然大公園の誘致とを要求します。しかし、米軍の答えは跡地への在日米軍住宅の建設でした。そして八一年の日米防衛首脳会談で「思いやり予算」での住宅建設が合意されます。以後逗子では、市が緑地保全への配慮を条件として住宅建設を認める九四年までの間、反対運動が継続されました[31]。

反対運動の継続に大きな役割を果たしたのは、逗子市域のうち一九六〇年代後半に宅地開発された地域の住民（とくに女性）でした。これらの住民は「山をはぎ取り、緑を削り取った所に住みながらも」緑や環境に高い価値を見出しており、また不合理に抵抗する余裕を有していたからです[32]。つまり高度成長期に三浦半島の自然保護活動家が憂えた自然破壊が、あくまでも結果論ですが、逗子の市民運動の土壌となったのでした。その後、二〇〇九年（平成二一）に接収地域のうち約四〇ヘクタールの共同使用が承認され、一五年に「池子の森自然公園」として開園します。これはあくまでも、横浜市域への住宅追加建設を逗子市が認めることへの見返りでしたが、それまでの反対運動がなければ見返りすらなかったでしょう（のち一八年に日米両政府は追加建設の中止で合意）[33]。

また、馬堀海岸駅近くの施設として注目されるのが、一九五九年開園の横須賀市博物館附属馬堀自然教育園です。同教育園は一八九七～一九四五年に陸軍重砲兵学校の弾薬庫などに利用されていた一帯にあたり、この間にやはり自然林に遷移していました。戦後、国有財産として管理されていましたが、「三浦半島の自然を保護し、過去の自然をそのまま永久に残すと共に、自然を損しない程度に園内に道路を作り、道標を作り一般に公開し、自然観察の教育の場にしたいとの構想」に基づき、横須賀市が大蔵省に無償譲与を申請して開園します[34]。総面積三・八ヘクタールに過ぎませんが、三浦半島の稀少種が多く生息するほか、ここでの研究データは自然環境の再生に活用されており、「地元の自然の価値を地域住民と研究者とで共有し、教育的役割も含む長期のモニタリングが実施されているという点で、まさに日本の先駆け的な存在[35]」と評価されています。馬堀海岸の埋立では原告側から「無茶苦茶な開発行政[36]」と批判された長野市政ですが、こうした自然保護行政を高度成長期に行なっていたこともまた、注目されてよいでしょう[37]。

馬堀自然教育園は横須賀市博物館長の羽根田弥太（一九〇七―九五）が長野に働きかけて実現したものでした。そして、羽根田が教育園の開設を構想した背景には、彼のアジア太平洋戦争中の経験があります。一九三〇年代から発光生物の研究者として活躍し、フィリピンなどでの調査経験もあった羽根田は、四二年一二月、日本占領下のシンガポールに陸軍司政官として赴任し、昭南博物館副館長に就任しました[38]。昭南博物館は英国が開設したラッフルズ博物館を改称したもので、羽根田は現地の丘陵（ブキティマ）などに博物館の特別保護区があることに感銘を受け、これを占領後も在籍していた英国人研究者との話題にします。そして彼らとの対話から、博物館にも標本だけではなく生きた生物を観察する施設が必要だと、羽根田は学びました。つまり、シンガポールの特別保護区を横須賀の旧軍用地で再現したのが馬堀自然教育園だったのです[39]。甚大な犠牲をアジア太平洋一帯に及ぼした上での、またあくまでこれも結果論ですが、馬堀自然教育園は大日本帝国とその解体とがもたらした〝遺産〟の一つでした。

【註】

(1)湘南電気鉄道「静かな海」一九三二年（名古屋大学大学院経済学研究科附属国際経済政策研究センター情報資料室所蔵）。

(2)京浜急行電鉄株式会社編『京浜急行百年史』同社、一九九九年、六一二頁。

(3)逗子市『逗子市史』通史編、一九九七年、七二一—三八頁、小風秀雅「湘南の誕生」「湘南の誕生」研究会編『湘南の誕生』藤沢市教育委員会、二〇〇五年。

(4)岡田緑風編著『三浦繁昌記』横須賀公正新聞社、一九〇八年、一二三—二四頁。

(5)以下の基本的な論旨は、香川雄一「工場の立地と移転にみる景観の意味づけの変化」『国立歴史民俗博物館研究報告』第一五六集、二〇一〇年三月、に依る。

(6)以上、味の素株式会社内味の素沿革史編纂会編『味の素沿革史』味の素、一九五一年、二九—三三、七四—七六、一六一—七一頁。

(7)本宮一男「行楽地湘南の確立—大衆化の進展と『観光』地」前掲『湘南の誕生』一一八頁。

(8)湘南諸地域については、第一次世界大戦に前後して大衆化が進展すると同時に、ハイセンスなイメージも再生産されてきたことが指摘されています（前掲『湘南の誕生』）。この点は、大衆化の側面が強い富岡・金沢一帯との違いといえるでしょう。

(9)本宮、前掲「行楽地湘南の確立」。

(10)湘南電気鉄道、前掲「静かな海」。

(11)京浜急行電鉄株式会社編『京浜電気鉄道沿革史』同社、一九四九年、一一六、一二八、一三八頁（横浜市立図書館デジタルアーカイブ「都市横浜の記憶」）、京浜急行電鉄株式会社編『京浜急行八十年史』同社、一九八〇年、一六〇頁、前掲『逗子市史』通史編、八二八—三〇頁。

(12)前掲『京浜急行八十年史』三七四—七五、三八二頁、吉本尚『京急ダイヤ一〇〇年史—一八九九〜

一九九九』電気車研究会、一九九九年、九四―一〇一頁、前掲『逗子市史』通史編、八六五―九二頁。

⒀富田徹「馬堀海岸埋立団地」『宅地開発』第二七号、一九七一年一一月、山内道生「学校用地にみる大企業優先の開発行政―横須賀市馬堀海岸埋立地開発の住民訴訟」青年法律家協会弁護士学者合同部会神奈川支部第七回全国公害研究集会現地実行委員会『第七回全国公害研究集会報告集』一九七五年七月、四〇頁（環境再生保全機構「全国公害研究集会」、http://nihon-taikiosen.erca.go.jp/taiki/abstract/kenkyukai.html）。

⒁横須賀市立大津小学校『おおつ―創立一二〇周年記念・副読本』同小学校、一九九八年、六八頁、および筆者の体験による。

⒂横須賀市編『新横須賀市史』通史編近現代、同市、二〇一四年、一〇七一―七三頁。

⒃山内、前掲「学校用地にみる大企業優先の開発行政」四二頁。

⒄『神奈川新聞』一九六一年一月六日、横須賀・湘南版六月二〇日、同一〇月二〇日、前掲『新横須賀市史』通史編一〇七二―七三頁。以下、西武関連の新聞記事検索では、H・FUK「西武グループの歴史」を利用した（http://web2.nazca.co.jp/dfg236rt/、二〇一八年五月二五日閲覧）。

⒅内山岩太郎発／堤康次郎宛［書簡］一九六一年八月二七日（早稲田大学大学史資料センター所蔵「堤康次郎関係文書」s八〇五、http://www.enpaku.waseda.ac.jp/db/damjh/）。

⒆『神奈川新聞』横須賀・湘南版、一九六一年一〇月二〇日。

⒇長野正義（横須賀市長）発／神奈川県知事宛「西武鉄道KK埋立て申請に伴うあつせん並びにお願いについて」一九六二年二月六日（「堤康次郎関係文書」s八〇七）。
(21)内山岩太郎発／堤康次郎宛［書簡］一九六二年二月一〇日（「堤康次郎関係文書」s八〇七）。
(22)内山岩太郎発／堤康次郎宛［書簡］一九六二年二月一六日（「堤康次郎関係文書」s八〇八）。
(23)『神奈川新聞』横須賀・湘南版、一九六三年八月二七日、一一月二一日。

(24)以下二段落は断りのない限り、山内、前掲「学校用地にみる大企業優先の開発行政」、馬堀海岸埋立地住民訴訟・米軍基地個人住宅非課税違法確認訴訟原告団編『横須賀市における二つの住民訴訟の記録』横須賀住民自治センター、一九七七年、一―五〇頁。
(25)前掲『横須賀市における二つの住民訴訟の記録』三八頁。
(26)マボリシーハイツ自治会「馬堀海岸一丁目及び二丁目居住児童の小学校区に関する陳情書」一九七四年一一月二五日(前掲『横須賀市における二つの住民訴訟の記録』四六―四八頁)。
(27)「昭和四八(行ウ)二七」一九八一年四月二七日横浜地方裁判所判決(裁判所「裁判例情報」http://www.courts.go.jp/app/hanrei_jp/search1)。
(28)『神奈川新聞』横須賀・湘南版、一九七五年四月一〇日、横須賀市立馬堀小学校編『創立三〇周年記念誌』同小学校、一九八二年、二二―二三頁。
(29)『神奈川新聞』横須賀・湘南版、一九七五年四月一〇日、横須賀市立望洋小学校編『望洋―創立一〇周年記念誌』同小学校、一九八五年、一四―二二頁、馬堀小、前掲『創立三〇周年記念誌』九頁。
(30)金田平「三浦半島における自然保護について」『かながわの自然』第四号、一九六七年三月。
(31)小山高司「逗子市池子弾薬庫における米軍家族住宅建設について―三代の地元市長の対応を中心として」『防衛研究所紀要』第一三巻第一号、二〇一〇年一〇月、逗子市基地対策課「逗子市の基地対策」(http://www.city.zushi.kanagawa.jp/syokan/kititai/、二〇一八年九月五日閲覧)。
(32)森元孝『逗子の市民運動―池子米軍住宅建設反対運動と民主主義の研究』一九九六年、御茶の水書房、三一六―一七頁。
(33)沖縄タイムス社・神奈川新聞社・長崎新聞社合同企画「安保改定五〇年」取材班『米軍基地の現場から―普天間嘉手納厚木横須賀佐世保…』高文研、二〇一一年、三〇―三二頁、『神奈川新聞』二〇一八年一一月一五日、『しんぶん赤旗』二〇一八年一一月一五日。

(34)羽根田弥太「横須賀市博物館附属自然教育園の開設」『横須賀市博物館雑報』第五号、一九五八年一一月、一頁。
(35)金尾滋史「博物館における長期モニタリング活動―たくさんの眼による地域モニタリング」『日本生態学会誌』第五八号、二〇〇八年七月。
(36)山内、前掲「学校用地にみる大企業優先の開発行政」四〇頁。
(37)土谷直人「三浦半島のホタルと馬堀自然教育園の役割」(二〇〇三年度神奈川大学卒業論文)。
(38)「羽根田弥太学芸員の業績」『横須賀市博物館資料集』第一号、一九七八年三月。
(39)瀧端真理子「横須賀市自然・人文博物館の研究と教育(一)―羽根田弥太と柴田敏隆の時代」『博物館学雑誌』第二九巻第二号、二〇〇四年三月。

第一〇章　安針塚～横須賀中央―軍都の戦前と戦後

横須賀
市政時報

第3號
発行所
横須賀市役所
編集兼発行人
総務部庶務課
印刷所
村松印刷株式会社
横須賀市大瀧町2ノ15
購読料　1ヶ月5圓　6ヶ月20圓　1ヶ年60圓

本市再建の恩人頌徳胸像除幕式
ベントン・・W・デツカー司令長官

本市再建の偉大なる恩人、横須賀米海軍基地司令官ベントン・W・デッカー提督の厚い頌徳と市民の深い感銘とを永く傳えるためかねてより横須賀商工会議所で計画中であつた謝恩の胸像建設が市役所前に完成し、去る十一月二十九日午後二時から同提督御夫妻ならびに米軍來賓多数、日本側は益谷建設大臣を始め内山知事　石渡市長等多数の來賓出席のもとに胸像除幕式が擧行された　当日は横須賀基地海兵隊バンドの勇壮なるマーチの吹奏の中に提督御夫妻を迎えて開会、來賓の祝辞があつて、米、日國歌の吹奏に続き、万場の拍手とニユースキヤメラのフラツシユの中に振袖姿も可愛らしい小久江君子（八才）さんの手によつて白いベールに飾られた提督の胸像は除幕された我々市民は常にこの偉大なる恩人を偲び本市の更正発展に益々努力しなければならない

【写眞は胸像のまえにたつたV・W・デッカー司令長官御夫妻】

消防本部移轉

横須賀市消防本部は十二月五日左記の場所に移轉して引続き事務を開始しております

記

横須賀市米が浜通り二丁目十五番地（旧國家地方警察跡）

「火事」
すぐ消防署へ
電話番号は不要です
「火事」といえば局で交換します

デッカー司令官の胸像除幕式（1949年11月29日）

横須賀に戦争機械化を見しよりもここに個人を思ふは陰惨にすぐ

昭和を代表する歌人の一人、土屋文明（一八九〇―一九九〇）の連作「鶴見臨港鉄道」の一首です（一九三三年発表）。この前後には、「吾が見るは鶴見埋立地の一隅ながらほしいままなり機械力専制は」、「無産派の理論より感情表白より現前の機械力専制は恐怖せしむ」とあり(1)、満洲事変以降加速度的に発展を遂げる臨海工業地帯の生産力や、これが結局は個人を支配することへの不安が活写されている。「資本主義体制の力の所在を、見事にあきらかにした」のです(2)。

基地と観光

と同時に感慨深いのは、ここで鶴見の比較対象として軍都・横須賀が選ばれていることです。この横須賀の重みは、現在の横須賀からは想像しがたいと言わざるをえない。もっとも、その戦争機械化を見て、これを臨海工業地帯の陰惨に結びつけるか、単にワクワクするか、それとも英米に比べてまだまだ、と当時の軍縮条約へのいら立ちを募らせるかは人さまざまでしょう。

京浜・湘南両社は、軍港をワクワクの対象とすることに努めました。その沿線案内では、横須賀の軍事施設について以下のように見学方法が記されています。まず、横須賀鎮守府と海軍工廠は「予め横須賀海軍鎮守府観覧部宛に書面又は口頭で届出る事になつて居る。見学時間は朝九時から午後四時まで、見学順序は先づ工廠で軍艦の出来る処を見て、次に軍港内部を見るのが普通で、指導者が説明して呉れる、猶工廠、軍艦、追浜飛行場を見学するには優に一日を要す（見学手続等詳しい案内書は申込次第急送す）」。また、追浜海軍飛行場も「場内遊覧を許可し、軍事思想鼓吹の折から四季を通じて見学団の来場するもの多し、（御見学の節は予め鎮守府へ申込れるか又直接交渉されても直ぐ許可さる）」[3]。海水浴場でも、金沢八景では「頭上碧空に乱舞する飛行機の爆音は勇まし」いこと、馬堀海岸では「観音崎の岩岬、紫に煙る横須賀の軍港…（略）…横須賀軍港に出入りする軍艦の去来、総てが南欧の油絵に見る様な眺望」であることが宣伝されました[4]。軍事施設は湘南電鉄の沿線開発を制約すると同時に、観光資源でもあったのです。

とはいえ、横須賀軍港の観光地化は一八八九年（明治二二）の横須賀線開通以降、既に進展しており、湘南電鉄の独創ではありません。そもそも、工廠や軍艦の見学は海軍が許可しているからこそ可能です。海軍が見学を許可したのは広報の一環でした。海軍は陸軍と比較して小規模ながら多額の予算が必要で、しかも所帯が小さいため人材確保のネットワークでも陸軍に劣る組織でした。加えて、一九二〇年代から軍縮が進展したことが危機感となり、広報活動をより重視する方針が取られたようです。また横須賀市も一九三四年（昭和九）七月に横須賀観光協会を設立して「我国最古の軍港横須賀紹介宣伝ニ大イニ努メ」[5]、パンフの作成や案内所の設置に取り組むなど、積極的な観光客誘致を展開しました。軍港見学者は二六年の一五・五万人から、一〇・四万人（三三年）、三九・九万人（三五年）へと増加しています。見学者の半数前後は小学生で、校外活動として団体で訪れました。軍港見学は原則非公開の空間に足を踏み入れる非日常体験で、児童の好奇心を刺激し、国防教育に効果を発揮したと思われます。ほか青年団や在郷軍人会なども訪れます。[6]

しかし、軍港の観光は平時だからこそ可能です。京浜・湘南両社のパンフでは、一九三七年七月の日中戦争勃発を機に軍港の案内は消滅し、[7]四〇年一二月には横須賀鎮守府が見学禁止を正式に通達します。[8]二ヶ月前の一〇月には、軍需部前を安針塚に、横須賀軍港を横須賀汐留（現、汐入）に、駅名も変更されていました。[9]効果はさておき、軍事施設を目立たなくする措置でしょう。

なお、安針塚なる駅名は駅近くにあるウィリアム・アダムス（三浦按針）夫妻の塚に因んだものです。徳川家康に仕えたイングランド人アダムスは逸見に領地を与えられていました。この按針塚は一八七二年に横浜の貿易商ジェームス・ウォルターが発見したもので、その後遺体が埋葬されていないことが確認されたにも拘らず、一九〇九年（明治四二）に神奈川県知事や英国公使らが一帯を「安針塚山」と命名。官有地とされ、「墳墓」周辺は一二年に塚山公園として整備されます。開園の式典では日英同盟万歳が三唱されており、家康とアダムスとの交流を日英同盟の始まりとしてプロパガンダに利用するのが公園整備の目的でした。[10]そして安針塚駅への改名翌年、日本は英国にも宣戦布告するのです。

帝国海軍から在日米軍へ

観光のみならず、戦前期の横須賀は商業でも海陸軍の将兵や海軍工廠の職工に大きく依存していました。連合艦隊が横須賀に入港するたびに、市内の飲食店、劇場や土産物店は大賑わいとなります。横須賀軍港駅が最寄りのどぶ板通りは横須賀鎮守府の門前町として繁栄しました。

横須賀の空襲は海軍工廠などを標的とする限定的なものであったため、市中心部の家屋や店舗は敗戦後もあまり変わりませんでした。そして、一九四五年（昭和二〇）八月三〇日に占領軍が横須賀に上陸。横須賀の商業・サービス業は顧客を帝国陸海軍から占領軍、さらには在日米軍へと変えつつ対応します。人口が三五・八万人（四三年）から二〇・二万人（四五年）に激減した横須賀において、軍隊は戦後もやはり貴重な顧客でした。どぶ板通りやその周辺には、バー、キャバレー、カフェや、米兵向けの土産物店であるスーベニヤが並びます[11]。

商店主のなかには、戦前以来の人物もいれば新規参入者もいたことでしょう。戦前以来の店舗として著名な例に、横須賀中央が最寄りの料亭「小松」があります。一八八五年に開店した小松は海軍将校から「パイン」として親しまれ、山本五十六、米内光政なども訪れました。士官専用の高級店です。一九四二年には井上成美の依頼により、トラック諸島にも支店を開設しました。そして敗戦後は米軍相手の飲食業からスタートし、やがて旧海軍軍人やさらには海上自衛隊関係者にも利用されるようになります。

だが、それだけではありません。小松は一九五二年（昭和二七）に講和条約を記念してキャバレーを併設しました。[12] 杉山一夫の労作によると、小松の飲食店名刺には「Roof Garden」、「Free Admission!」、「FRIENDLY. ATMOUSPHERE《〔ＯＳ〕》」といった文句が並んでいます。[13] 戦前期から小松の主人夫妻と親交のあった獅子文六（第四章にも登場）が、五二年に戦後初めて小松を訪れたところ、「庭があった辺に、高い二階造りの銀座裏風の建物がたち、例のアメリカ的なハデな日除けが、赤い縞を描き、ジャズ音楽が聞えて」きました。また文六は、帝国海軍時代には見られなかった現象として、士官のみならず水兵客もいることや、小松の主人が自家用車を所有していることに驚きます。[14] 敗戦で料亭も〝民主化〟されたということでしょうか。

こうした劇的な転換に各主体はどう向き合ったのでしょうか。二つ例を挙げると、まず小松の主人が文六に伝えた話では、戦前以来の顧客は小松の「美事なる切替え」に対して「オヤジ、儲けろ、儲けろと、ケシかける連中が多く、悲憤慷慨なんて、一人もやらな」かったそうです。主人曰く「流石は、海軍さんは、サバけている」とのこと。[15] これは米軍への屈折した抵抗といえなくもないですが、一方、横須賀商工会議所は米海軍基地司令官ベントン・デッカーの胸像を在任中の一九四九年に市役所前に建てています。「偉大なる恩人」と讃えての行動です（本章扉）。

基地と観光、ふたたび

どぶ板通りの最盛期は朝鮮戦争からベトナム戦争にかけての時期と伝えられています。この間横須賀では一九六三年に原子力潜水艦の寄港が問題となりましたが、横須賀市商店街連合会は寄港賛成決議を採択しています。また、日本社会党の推薦を受ける革新市長の長野正義（一九五七―七三在任）も「基地のある市の長となって基地否定の行動をとることは、自己否定につながる」[16]との姿勢を一貫して保持し、原潜などにも柔軟な姿勢をみせていました[17]。

こうしたなか、一九七三年の変動相場制採用に伴う円高以降、米兵の購買力は減少し、どぶ板通りでは「邦人歓迎」のポスターが見られるようになります。ワッペン、ジーパン、スカジャンなどが週刊誌などで紹介された結果、日本人の若者の来店が増加し、日本人の顧客が安心して買い物できるまちづくりが商店街で模索され始めました[18]。

しかし、横須賀の商業・サービス業と米軍基地との縁は切れてはいません。一九九〇年代以降、米軍基地―すなわち米国の戦争機械化―を観光資源として活用しようという動きはむしろ顕著になります。この先鞭をつけたのは若手経営者団体の横須賀青年会議所（横須賀ＪＣ）でした[19]。横須賀ＪＣは「やさしさとやすらぎのあるまち　よこすか」創造の一環として、「ＡＴＣ（アメリカン・テイスト・コミュニティ）ヨコスカ推進運動」を九四年に提起します。これは大分県の一村一品運動などに示唆を得たもので、横須賀の誇れる一品こそが米軍基地でした。横須賀ＪＣは基地の「マイナスイメージは、新たなもので打ち消すには存在が大きすぎる」との考えから、「視点を少し変えて」、「基地のマイナスイメージをプラスに変えていくこと」を訴えたのです[20]。以後、「アメリカに一番近いまち」、「アメリカの風薫るまち」として横須賀のイメージアップを図るイベントを行政も巻き込んで継続しました[21]。そして九九年には、横須賀市観光課所管の懇話会が横須賀JCと同趣旨の提案を行ないます。実際、同年には「海軍カレー」が誕生しました。
海軍カレーは旧帝国海軍に因んだ料理を横須賀市、市商工会議所、海上自衛隊横須賀地方総監部が売り出したものですが[22]、二〇〇九年には在日米軍に関連するネイビーバーガーの販売も始まりました。これは米海軍が、基地開放デーで振る舞っていたハンバーガーのレシピを横須賀市に提供したもので、商標を市が直接管理し、市から許可を得た地元事業者のみがハンバーガーの製造・販売を行なっています。地域外での販売を抑制し、横須賀への集客効果を高める戦略です。

また、二〇〇八年には地元の海運会社トライアングルがYOKOSUKA 軍港めぐりを開始します。これは九八年から不定期運航していた基地周辺海域のクルーズを定期化したもので、米海軍と海上自衛隊とを一度に見られる国内唯一のツアーであることや、タイミングによっては原子力空母もみられることがセールスポイントです。〇八年の開始時に五万人であった年間乗客数は、一六年には一八万人にまで増加しました。これらの情報発信には横須賀市、市商工会議所、京急で構成される横須賀集客促進実行委員会が取り組んでおり、京急の駅や車内には関連するポスター、チラシが充実しています[23]。

二〇世紀末を挟んで基地の観光資源化が官民一体で進んだのはなぜか。第一に、敗戦や占領に対して屈折した感情のない世代の台頭が指摘できるでしょう。たとえば横須賀JCは、ATCヨコスカの構想の一つに、空母ミッドウェーの誘致を掲げています[港]。日露戦争の旗艦で保存・公開されている「三笠の向かい側に、長らく横須賀を母校としてきた空母ミッドウェーを東西冷戦終結の記念として迎え、平和記念艦と」し、「横須賀の新しい観光資源」にしよう、とのこと[24]。

そして第二の要因は、人口減少に集約される横須賀経済の閉塞感でしょう。横須賀市の人口は一九九二年五月の四三・七万人を頂点として停滞したのち、二〇〇四年頃から減少に転じました。一〇—一五年の横須賀市の人口増減率（予測）はマイナス一〇・七パーセントで、神奈川県内ワースト二位です（最下位は同じく三浦半島の三浦市）。横須賀市の調査によると、市内への居住が敬遠される理由には、職場や東京都心からの距離が主に挙げられており[25]、冷戦崩壊後のグローバリゼーション下で東京への一極集中が進む一方、横須賀市内の製造業が衰退したことが、人口減少の主要因として考えられます。市内の製造業従業者数は三・五万人（八六年）から、一・八万人（二〇〇一年）を経て、一・四万人（一四年）に減少しました[26]。基地の観光資源化はこうした状況の打開を狙ったものといえます。もっとも、横須賀市の人口減に歯止めはかかっておらず、一八年二月には四〇万人の大台を四一年ぶりに割り込みました[27]。

一方で、在日米軍の意図も見逃せません。軍港めぐりの就航には米軍の許可が必要でしたが、当初は一顧だにされませんでした。米軍の姿勢が変わってきたのは二〇〇六年頃とトライアングルの社長は振り返っており、これは横須賀への原子力空母の配備が進められた時期と重なります[28]。同時期に実現したネイビーバーガーのレシピ提供についても、在日米海軍司令官はその目的を「米海軍と横須賀市民、素晴らしい海軍の街横須賀を担う海上自衛隊との強い友好関係の証しとして売り出すこと」と述べました[29]。原子力空母の母港化後も横須賀の反基地勢力は市長選で完敗が続いており、しかも米軍と自衛隊との一体化は一層進展しています。基地の観光資源化の効果は、米軍にとって上々なのでしょう。

【註】

(1)土屋文明『山谷集』岩波書店、一九三五年、一六〇―六一頁。
(2)小高賢『現代短歌作法』新書館、二〇〇六年、一三五頁。
(3)京浜電気鉄道・湘南電気鉄道「京浜湘南沿線案内」一九三四年（横浜市立図書館デジタルアーカイブ「都市横浜の記憶」）。
(4)湘南電気鉄道「静かな海」一九三二年（名古屋大学大学院経済学研究科附属国際経済政策研究センター情報資料室所蔵）。
(5)横須賀観光協会「昭和九年度事業報告」一九三四年（横須賀市編『新横須賀市史』資料編近現代Ⅲ、同市、二〇一一年、九九四―九七頁）。
(6)齋藤義朗「昭和の子どもたちの軍港見学」昭和館『昭和のくらし研究』第一二号、二〇一四年三月、前掲『新横須賀市史』通史編近現代、二〇一四年、四七一―七二、六九七―七〇〇頁。
(7)京浜電気鉄道「新緑の行楽案内」一九三七年五月、同「秋!!―先づ健康」一九三七年九月、湘南電気鉄道「秋の湘南」一九三七年九月（以上、名大国際経済政策研究センター情報資料室所蔵）。
(8)齋藤、前掲「昭和の子どもたちの軍港見学」。
(9)京浜急行電鉄株式会社編『京浜急行百年史』同社、一九九九年、六〇八頁。
(10)杉山一夫『塚山公園と按針祭とパンパンと美空ひばり』めい出版、二〇一八年、二四―七六頁。
(11)双木俊介「横須賀における米軍向け歓楽街の形成と変化」筑波大学『歴史地理学野外研究』第一七号、

二〇一六年三月、前掲『新横須賀市史』通史編近現代、四六八―七〇、九八三―八五、一一一三―一一五頁。

⑿以上、外山三郎『錨とパイン―日本海軍側面史』静山社、一九八三年、水野僚子・藤谷陽悦・南宣宏「海軍料亭『料亭小松』について―横須賀市近代化遺産調査（五）」日本建築学会『学術講演梗概集F―二、建築歴史・意匠』二〇〇三年七月。

⒀杉山一夫『ジャズの街・ヨコスカーバー・クラブ・喫茶店物語　改訂版連載一～一九八』私家版、二〇一六年、連載一四二～一四三。

⒁獅子文六「横須賀物語」『週刊朝日』春季増刊、一九五三年三月、二八頁。なお、文六のこのルポは、杉山、前掲『ジャズの街・ヨコスカ』連載一四二～一四三が紹介している。

⒂獅子、前掲「横須賀物語」二九頁。

⒃長野正義『横浜・横須賀六十年―私の歩んできた道』秋山書房、一九八六年、九八頁。

⒄栗田尚弥編著『米軍基地と神奈川』有隣新書、二〇一一年、一四一頁、前掲『新横須賀市史』通史編近現代、八五二―五九頁。

⒅双木、前掲「横須賀における米軍向け歓楽街の形成と変化」、前掲『新横須賀市史』通史編近現代、一〇一一―一三頁。

⒆「人物風土記」『タウンニュース』横須賀版、二〇一三年一月一一日。

⒇政策提言委員会編『財団法人横須賀青年会議所一九九四年度提言書』横須賀青年会議所、一九九四年、三九―四五頁（横須賀市立中央図書館所蔵）。

(21)横須賀青年会議所「六〇年のあゆみ」（http://yokosukajc.com/history/、二〇一八年五月二五日閲覧）。

(22)以上、新倉裕史『横須賀、基地の街を歩きつづけて―小さな運動はリヤカーとともに』七つ森書館、二〇一六年、九五―一〇〇頁。

(23)国土交通省国土計画局『地域活性化プロジェクトを成功に導くために―『プロジェクト・パッケージ』のすすめ事例・ポイント集』二〇一〇年三月、六一―六七頁、『タウンニュース』横須賀版、二〇一六年三月一八日。
(24)前掲『財団法人横須賀青年会議所一九九四年度提言書』五〇頁。
(25)『タウンニュース』横須賀版、二〇一八年二月一六日、横須賀市政策推進部『横須賀市都市イメージ創造発信アクションプラン―結婚・子育て世代から『住むまち』と選ばれるために』二〇一四年。
(26)横須賀市総務部総務課編『横須賀市統計書』横須賀市役所、各年度。
(27)『タウンニュース』横須賀版、二〇一八年二月一六日。
(28)沖縄タイムス社・神奈川新聞社・長崎新聞社合同企画「安保改定五〇年」取材班『米軍基地の現場から―普天間嘉手納厚木横須賀佐世保…』高文研、二〇一一年、六九頁、前掲『新横須賀市史』通史編近現代、一〇五二―五三頁。
(29)ジェームズ・D・ケリー（在日米海軍司令官）発／蒲谷亮一（横須賀市長）宛［ネイビーバーガーレシピの贈呈文］二〇〇八年一一月一九日（http://www.cocoyoko.net/gourmet/yokosuka_navyburger.html）栗田、前掲『米軍基地と神奈川』二〇四―五頁、も参照。

第一一章　浦賀と久里浜—工業化とその蹉跌

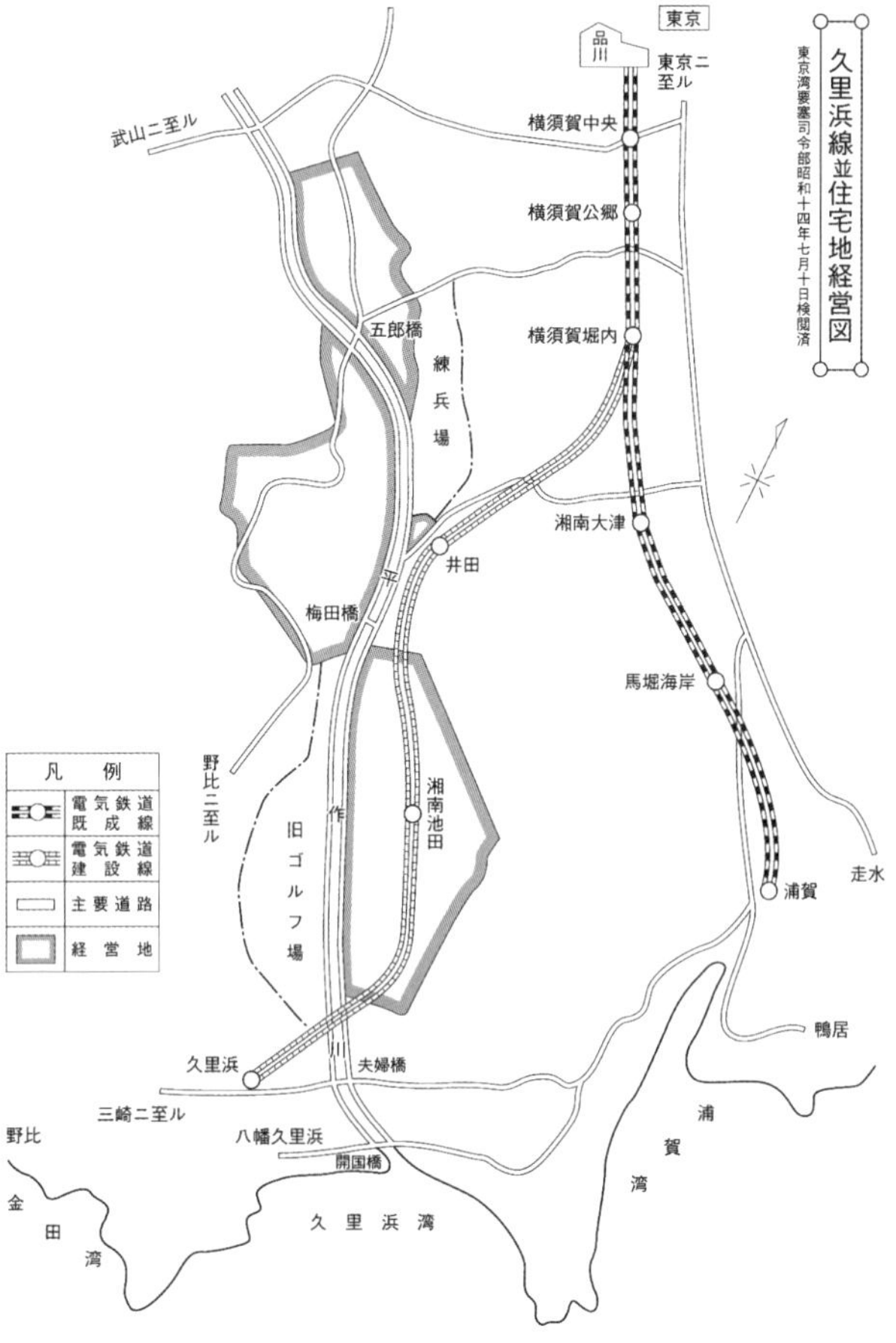

久里浜線並ニ住宅地経営図（1939年）
（『久里浜線建設ニ就キテ』より）

湘南電鉄が三崎本線のうち浦賀までの建設に着手した一九二七年（昭和二）、現在の横須賀市域は一市三町五村で構成されていました。これらの総人口一六・六万人のうち最大が旧横須賀市の一〇万人、そして第二位が浦賀町（二・一万人）、第三位が田浦町（一・九万人）[1]。この三市町で全体の八四パーセントを占めており、湘南電鉄の浦賀開通にはこれらすべてを鉄道で結ぶ意義もありました。

商いから造船へ――浦賀商人と浦賀船渠

横須賀と田浦とが軍港都市として明治期から急速に成長したのに対し、町の淵源を近世に遡れるのが浦賀です[2]。江戸内海（東京内湾）出入口に位置し、かつ湾が深く入り込んだ浦賀は、帆船の風待ちに適した土地でした。そして享保五（一七二〇）年に浦賀奉行所が設置され、積荷の検査が開始されると、全国有数の流通拠点として機能し、有力商家を擁する町に成長します。

横浜開港、奉行所の廃止、鉄道網の整備によって、明治期の浦賀はその全国的な流通拠点としての地位を失いました。が、鉄道敷設が横須賀までにとどまった三浦半島周辺では、浦賀港の役割はまだ大きく、卸商の活躍がみられます。そして彼らも出資して一八九六年に創立されたのが浦賀船渠でした。浦賀船渠の創立には榎本武揚ら旧幕府海軍関係者が関与しており、函館戦争で戦死した中島三郎助（浦賀奉行所与力）の偉業を讃えて設立したともいわれています。風の影響を受けにくく一定の水深も備えた浦賀では、幕末に洋式艦船の修復も行なわれており、榎本や中島も参加していました。この経験も浦賀選定の念頭にあったことでしょう。

浦賀船渠のドック（造船所）は日露戦時の軍艦修理で活況を呈した後、一九〇六年に初の新造駆逐艦「長月」を進水します。浦賀船渠の成長に伴い、浦賀町の景気は船渠の業績に大きく左右されるようになりました。浦賀港も商港から浦賀船渠への原材料供給港へと変貌します。

私益すなわち国益―五島慶太と久里浜線

浦賀の市街化の一方、隣接する久里浜村の人口数は現横須賀市域のうち下から二番目（一九二七年現在三九〇〇人）で、一農漁村にすぎませんでした。[3]とはいえ、浦賀船渠と横須賀海軍工廠との設置は、この農漁村にも確実に影響を及ぼしており、農家の二、三男の多くが職工としてこれらの何れかに勤務するようになります。もっとも、その雇用関係は決して安定的ではなく、第一次世界大戦中の好景気で四〇〇〇人を超えた浦賀船渠の職工も大戦後は解雇が進み、二〇年代半ば以降は二〇〇〇人台で推移します。浦賀船渠に〇六年から勤めた職工の証言によると、第一次世界大戦中は「残業手当で収入はふえ…（略）…安浦や浦賀の女郎屋では大変のもてよう」でしたが、大戦後は四日に一日は休みとなり、当然収入も減りました。また漁業でも、浦賀船渠が好景気の時は人夫として船渠に稼ぎに出る漁師が増えるので乗子が不足し、久里浜よりも南の北下浦や南下浦から漁夫が雇用されたそうです。だが、船が進水すると人夫はすぐに解雇され、漁業に戻ってくる。久里浜の農漁民は造船業における景気循環の調整弁として機能していたのです。[4]

そして、久里浜が横須賀市により直接的に組み込まれた時代が戦時期でした。一九三七年に久里浜村が横須賀市に編入されると、三九年の海軍通信学校開校を皮切りに海軍施設が相次いで進出。四一年には久里浜港が横須賀軍港の副港として位置づけられ、防波堤などの整備が進みました（未完のまま敗戦）。またアジア太平洋戦争中には、東急久里浜線（四二年一二月一日）、国道特三四号（四三年。現、国道一三四号ほか）、国鉄横須賀線（四四年）など、横須賀軍港と久里浜とを結ぶ交通手段が相次いで建設されます[(5)]。以下、久里浜線についてみましょう。

久里浜延伸のきっかけは、横須賀市への編入を機に市や海軍が湘南電鉄に要望したことにありました。海軍施設への連絡に加えて、当時横須賀で深刻化しつつあった「住宅問題解決のため、当方面に都市計画を実施し開発を図」ることが必要になったからです。経営が好転したばかりの湘南電鉄は乗り気ではありませんでしたが、一九三八年にしぶしぶ、研究調査を開始します。

しかし、湘南のこの消極的な姿勢に異を唱える人物が社内から現れました。一九三九年四月に同社重役に就任した五島慶太です（第六章参照）[(6)]。五島は、もはや「研究調査ニ名ヲ借リテ、時日ノ遷延ヲ為スベキ時ニアラズ」と宣言。久里浜延伸の目的が、①久里浜と旧横須賀との連絡、②住宅地の建設の二つであることを明確にした上で、実地踏査を断行します。その結果、浦賀から久里浜へと至る当初予定線には山間地が多いことが問題視されました。路線の三分の一がトンネルのため竣工に二年以上を要し、住宅地を建設する平地もないからです。そこで、横須賀堀内から分岐して平作川沿いの平地を走る現行の路線を選定。一年以内の竣工を目指しました。また住宅用地として、井田駅（「昭南」の駅名で開業。現、北久里浜）と池田駅（現、京急ファインテック久里浜工場附近）との周辺を八二・六ヘクタールずつ買収することも計画します。

五島は一連の事業が「相当危険」で湘南電鉄の「漸ク好転セル営業成績ヲ悪化スル虞アル」にもかかわらず、「海軍ノ要望ニ応エ、国家的見地ニ立チテ」行なうことを強調し、「久里浜線建設並住宅地経営ハ海軍、陸軍、市役所、町役場御自身ノ仕事ト御考ヘ下サ」るよう要望しました。(7)これを受け、横須賀市助役、浦賀町長、横須賀商工会議所会頭らからなる用地買収協力委員会が成立し、「坪二円以下ニシテ買収シ得ル田畑ハ何処デモ構ハズ買収スルコト」が決められます。(8)

もっとも、五島は湘南電鉄の利益率が低いことを問題視しており、宅地開発によって利益を補填することも期待していました。五島は「住宅地ノ分譲ニ付キテハ東横電鉄ニ於テ日吉、多摩川台、新丸子、其他各地ニテ計画、実施セル方法ニ基キテ売出ス」と論じており、宅地開発のノウハウを湘南電鉄に啓蒙する機会としても位置付けています。(9)久里浜線延伸に着手する以上、宅地開発を湘南電鉄自ら実施することは、国益であると同時に企業利益にも適ったことでした。国益と私益とは五島のなかで矛盾なく同居していたのです。

しかしながら、五島の買収方針は地主の納得を得られませんでした。(10)たとえば、一〇〇人以上が出席した最初の井田地区向け説明会は、弁当提供でかつ五島自身が登壇するといった力の入れようでしたが、失敗に終わります。出席者の回想によると、五島の様子は「高圧的」で、「田地は、坪二円で買上げ、造成後四円で売るのだとまで言い切」り、「あたかも会社側の利益を強調する如くに語り、なお軍の要望に応える事業であるから、これに協力せねば『国賊』云々の言さえあり、全く地主を無視して憚からぬ態度」であったとのこと。地主たちの不満が募るなか、ある参加者が不規則発言をして退場したのを機に、「参集の一同騒然とこれに和し皆退場帰宅したそうです。ただし、「皆手にもらった弁当を離さず」に。[11] 文字通りには信じ難い話ですが、五島の野心と蹉跌とを伝える〝民話〟といってよいでしょう。

用地買収が停滞した結果、宅地造成は、平作川以北、陸軍練兵場以西の九七・五ヘクタールに縮小され、しかも神奈川県の土地区画整理事業として実施されることになります。[12] だがこれも施工されず、一九五〇年代も一帯は田野のままでした。[13] そして、四二年の久里浜線開業(四・一キロメートル。四三年に〇・五キロメートル延伸)後も池田駅が設置されることはなく、今日に至ります。

坂道のない街の「工業化」——久里浜港と久里浜工業団地

敗戦により帝国海軍を失った旧軍港四市(横須賀、呉、佐世保、舞鶴)が掲げた目標は「平和産業港湾都市」(旧軍港市転換法)でした。平和、産業、港湾がそれぞれ何を指すのかは場所や時期によって一様ではありませんが、横須賀の場合、戦後復興期から高度成長期にかけて、漁業や漁港の役割が低下すると同時に、工業や工業港への期待が高まります。[14] 横須賀市が東京湾に面することは、相模原など神奈川県中央の諸都市にはないメリットだと認識されていました。

だがメリットは、一方でデメリットを伴います。それは、丘陵が海に迫る三浦半島の地形です。このことは臨海工業地帯の立地可能地点を限定しました[15]。「急な坂道　駆けのぼったら／今も海が見える」[16]場所に恵まれたことは、横須賀市の工業化政策にとっては悩みの種だったのです。

表11-1　横須賀市の製造品出荷総額と各地区の構成比

暦年	総額(億円)	構成比(%) 追浜	浦賀	久里浜
1956	432	3.0	48.6	3.9
71	9,171	71.7	9.1	4.8
86	15,388	76.3	0.9	14.8
2001	16,963	80.0	1.5	13.0
14	4,779	73.0	0.2以下	18.9

資料　横須賀市総務部総務課編『横須賀市統計書』横須賀市役所、各年度。
註　総額は実質値(1986年価格。日本銀行「企業物価指数—戦前基準指数(総平均)」を利用)。

しかも、海が見えて坂道のない場所には、戦前には帝国海軍が、敗戦後にも在日米軍が存在していることが少なくない。そのため長野正義市政(一九五七—七三)は米軍に接収解除を繰り返し要望します。革新の長野が原子力潜水艦の寄港などに柔軟な姿勢をみせた(第一〇章参照)のは、米軍との交渉を着実に進め、接収解除後に産業開発を進めるために他なりませんでした[17]。

長野市政期に大規模な工業化が計画されたのは、追浜、武山、久里浜の三地区でした。まず、戦前に海軍航空隊などが置かれた追浜は、一九五九年に米軍から返還され、岡村製作所や日産自動車などが進出します。そして、横須賀を代表する工業地帯となります(表11—1)。一方、相模湾岸の小和田湾に面する武山は、戦時中に海軍第二海兵団などが置かれ、戦後は米軍キャンプ・マクギルでした。五六年に駐留部隊の撤退が具体化したことを受け、横須賀市は日本原子力研究所の誘致を大々的に展開しましたが、同研究所は茨城県東海村に建設され、武山地区は五八年に自衛隊に引き継がれます。ただしこの際、三分の一は横須賀市に払い下げられ、立教大学の研究用原子炉などが設置されました（二〇〇三年から廃炉作業中）。横須賀市が立教に進出を認めたのは、〝共同研究者の富士電機が千人規模の工場を建設する予定〟と、立教が横須賀市に伝えたからです[18]。しかし、そのような規模の工場はやってこず、また小和田湾の埋立も計画されたものの、これも実現しませんでした[19]。工業地帯の造成という意味では失敗に終わったのです。

久里浜では一九五七年に東京電力横須賀火力発電所の建設と工業港の整備とが開始されます。横須賀火力の建設には久里浜港の埋立（七四ヘクタール）や浚渫が伴うため、その実現には漁業補償が必要でした。五六年夏に東京電力から横須賀市に協力依頼があり、「本市将来の産業振興に資すること極めて多大」との観点から横須賀市は積極的に協力。補償交渉を解決に導き、「三浦半島第一の高層ビル」と形容される発電所ができました[20]。また工業港の整備は、六一年に米軍の接収岸壁が返還されたことで加速します。

この工業港の整備は京急沿線での工業団地造成を念頭においたものでした[21]。一九六一年に正式に計画された久里浜工業団地です。これはかつての池田予定駅を中心とする平作川両岸一二一ヘクタールを造成し、「優良な大中企業を誘致」する構想で[22]、京急久里浜工場や日本ニュークリア・フュエル（原子燃料加工業）などが順次進出します。六三年に完成した京急久里浜工場は都心乗り入れと三浦海岸開通とに対応するための車輌修理工場で、当時私鉄界最大規模でした[23]。五島の野心が挫けた土地は、京急の輸送能力増強に貢献したのです。

一連の開発の結果、久里浜は追浜に次ぐ市内工業地帯へと成長します。ただし、その出荷額は追浜に大きく引き離され、横須賀市の当初構想に比べて物足りないものに終わりました（前掲表11―1）。大きな要因は次の二つです。

第一に、久里浜工業団地の進出企業の大半は「優良な大中企業」ではなく市内の中小企業で、しかもその業種や配置の関連性が弱く、大田区のような産業集積効果は発揮されませんでした[24]。これは、地権者との用地取得交渉が難航したことに加えて、荷重な機械を使用できないような地質だったからです。久里浜港から北久里浜駅手前にかけての平作川一帯は、坂道がないかわりに、一七世紀半ばに干拓されるまでは入江でした[25]。

第二に、横須賀市は米軍久里浜倉庫地区への基幹産業誘致に失敗しました。同地区は久里浜港と久里浜工業団地との間に位置する九二ヘクタールで、市はこの返還を一九六〇年以来度々要請していました。久里浜港から工業団地にかけての三三〇ヘクタールを連続した工業地帯にする構想です。が、倉庫地区の返還決定は七一年末にずれ込む。しかも同地区の大半を取得することが決定していた小松製作所は、地盤の弱さと石油危機とを理由に、七四年に計画を撤回しました[26]。

とはいえ、工業地帯の計画が予定通りには進捗しなかったことは、必ずしもマイナスではない。結果として、久里浜の開発が、都市問題の解決に寄与するものとなったからです。まず、久里浜工業団地は産業政策というよりは公害対策の性格が強い事業となります。市の計画が難航するなかで進出を希望したのは、市内の中小製造業者で構成される横須賀鉄工協同組合（現、横須賀工業振興協同組合）でした。当時、会員企業が直面していた問題に住工混在に伴う騒音や振動への苦情があり、その解決策として、組合は久里浜工業団地内への用地斡旋を六四年に長野市長に依頼したのです。当初、横須賀市は明確な返答をしませんでしたが、大企業の誘致が進まないなか、市は六七年に組合傘下企業の集団移転を認可。中小企業団地の造成が始まりました[27]。

また、久里浜倉庫地区には日本ビクターが進出したものの、返還面積の大部分は公共施設になりました。緑地公園（現、くりはま花の国）、学校、体育施設、ごみ焼却場などです[28]。一九七三年に長野を継いだ横山和夫は「人間都市横須賀」の建設を選挙公約に掲げており[29]、高度成長の終焉も背景として、この線に沿った計画が立てられたのでした。なお、ごみ焼却場の建設に際しては、その環境対策をめぐって、地元町内会が住民運動を展開します。「町内会住民の生活環境はみずからの手でつくりあげるもので、町内会は行政の手伝いをするのではない」との考えからです。そして、国の基準よりも厳しい公害防止協定が、市と町内会との間で結ばれました[30]。

脱工業化時代の浦賀と久里浜

長野市政期の工業化計画で興味深いのは、浦賀が全く登場しないことです。まさに坂道に囲まれ、湾が深く入り込んだ浦賀は、充分な工業用地を確保できる場所とはみなされなかったのでしょう。実際、浦賀船渠は一九五〇年代半ば以降、経営不振が続いており、その要因の一つには工場の拡張が困難な立地条件がありました。タンカーに代表される船舶の大型化が進んだことで、浦賀は造船に不適な土地となったのです。大型タンカーは日本の海外原油への依存と高度成長とを促進すると同時に、浦賀の製造業を隘路に追い込んだのでした。

結局浦賀船渠は、住友重機械工業へと再編され（一九六九年）、敷地や水深を確保できる追浜に主力工場を建設します。そして造船業が全国的に衰退する一九七〇年代以降、浦賀のドックは縮小を続け、二〇〇三年に操業を停止。[31] 浦賀は製造業がほぼ皆無な地区になりました（前掲表11－1）。ドックの跡地は一部設備を除いて一七年に更地となり、その再開発を巡って、地元からは様々な案が出されています。

もっとも、工業生産の減少は、二〇〇〇年代以降、追浜、久里浜でも進む現象です。一四年における久里浜の製造品出荷額は八六年の四割にまで落ち込み（前掲表11－1）、横須賀火力も一七年に全号機廃止されました。横須賀火力では現在、石炭火力への建て替えが計画され、市民グループや環境NGOからは批判の声が上がっています。[32] 果たして石炭火力は、二一世紀における横須賀市の「将来の産業振興に資すること極めて多大」な設備といえるでしょうか。

【註】

(1) 横須賀市編『新横須賀市史』通史編近現代、同市、二〇一四年、一一一〇—一一一一頁。

(2)以下、本節は、前掲『新横須賀市史』通史編近世、二〇一一年、六五七―六一頁、通史編近現代、八八―一〇七、三三一頁、加藤晴美・千鳥絵里「浦賀湊の景観及び機能とその変容過程―西浦賀を中心として」筑波大学『歴史地理学調査報告』第一二号、二〇〇六年三月。

(3)前掲『新横須賀市史』通史編近現代、一一一〇―一一一頁。

(4)辻井善弥編著『ある農漁民の歴史と生活―三浦半島久里浜地区・古老聞き書き』三一書房、一九八〇年、二一〇―一三頁。

(5)前掲『新横須賀市史』通史編近現代、五〇九―一〇、五九〇頁、上山和雄「大海軍の策源地から平和産業港湾都市へ」同編『軍港都市史研究 Ⅳ横須賀編』清文堂出版、二〇一七年、三三〇頁、阿部統『商工業の町久里浜』久里浜地域文化振興懇話会、二〇〇三年、一三頁。

(6)以上、京浜急行電鉄株式会社編『京浜電気鉄道沿革史』同社、一九四九年、一三八頁(横浜市立図書館デジタルアーカイブ「都市横浜の記憶」)。「五島専務取締役ノ説明(六月十四日於横須賀商工会議所ニ於ケル招待会)」湘南電気鉄道株式会社『久里浜線建設ニ就キテ』一九三九年、一―二頁(神奈川県立図書館所蔵)も参照。

(7)以上、前掲「五島専務取締役ノ説明」二―八頁。

(8)前掲『久里浜線建設ニ就キテ』八―一二頁。

(9)前掲「五島専務取締役ノ説明」五―七頁。

(10)前掲『新横須賀市史』通史編近現代、五八七頁。

(11)記念誌編集委員会編『大津郷土誌』大津郷土誌刊行会、一九八一年、七九―八一頁。

(12)「横須賀都市計画池田土地区劃整理決定ノ件」一九四一年八月九日(国立公文書館デジタルアーカイブ『公文雑纂・昭和十六年・第九十四巻・都市計画十七』綴、纂〇二六八七一〇〇)、京浜急行電鉄株式会社編『京浜急行八十年史』同社、一九八〇年、四九〇―九一頁。

(13)阿部統『新しい町久里浜』久里浜地域文化振興懇話会、一九八九年、五八―五九、七五頁。
(14)上山、前掲「大海軍の策源地から平和産業港湾都市へ」。
(15)以上、長野正義「転期〔機〕に立って企業地開発と民生安定を」、同「伸びゆく市勢」（以上、『広報よこすか』一九五九年一月、六四年一月）。
(16)阿木燿子作詞／宇崎竜童作曲「横須賀ストーリー」一九七六年（阿木『プレイバックＰＡＲＴⅢ』新潮文庫、一九八五年、三四頁）。
(17)前掲『新横須賀市史』通史編近現代、八五八―五九頁。
(18)上山、前掲「大海軍の策源地から平和産業港湾都市へ」三四六―四八頁、鈴木勇一郎「立教大学原子力研究所の設立とウィリアム・Ｇ・ポラード」『立教学院史研究』第一一号、二〇一四年二月、『横須賀市政時報』一九五八年九月、『日刊工業新聞』二〇一六年一二月二三日。
(19)横須賀市『横須賀市総合開発計画方針』一九六二年一一月、五―六頁（神奈川県立図書館所蔵）、超高圧電力研究所史編纂委員会編『超高圧電力研究所史』同委員会、一九八〇年、三八頁。
(20)『横須賀市政時報』一九五七年一一月、『広報よこすか』一九六一年九月。前掲『新横須賀市史』通史編近現代、八八二―八四頁も参照。
(21)『広報よこすか』一九六一年九月。
(22)横須賀市経済部『久里浜工業団地の案内』一九六四年六月（神奈川県立公文書館所蔵）。
(23)その後、一九六六年の三浦海岸延伸を機に、優等列車の大半は浦賀（つまり本線）ではなく久里浜を走ることとなります。また、久里浜周辺の宅地開発も進み、七〇年代初頭には乗降客数でも京浜久里浜が浦賀を上回りました。以上、京浜急行電鉄株式会社編『京浜急行百年史』同社、一九九九年、二五九―六〇、六〇〇―〇一頁、吉本尚『京急ダイヤ一〇〇年史―一八九九～一九九九』電気車研究会、一九九九年、一三一―四四頁、阿部、前掲『新しい町久里浜』五二、八三頁。

(24)横須賀工業振興協同組合「久里浜工業団地再整備計画調査研究事業報告書（案）」一九九三年三月、二六頁（『平成四年度久里浜工業団地再整備計画調査検討委員会』フォルダ、神奈川県立公文書館所蔵、一二〇〇三一五〇八七）。
(25)上山、前掲「大海軍の策源地から平和産業港湾都市へ」三五一頁、久里浜の文化を考える会編『くりはま歴史絵本』第一〇集、同会、二〇一六年、四九—五六頁。
(26)久里浜町内会住民運動史編集委員会編『煙突が高くなった—ごみ焼却場公害防止住民運動史』同町内会、一九八五年、四一頁、『広報よこすか』一九七二年二月、前掲『横須賀市総合開発方針』五頁。
(27)横須賀鉄工協同組合『横須賀鉄工協同組合三〇年の歩み』一九八〇年、五四—七二頁（神奈川県立公文書館所蔵）。
(28)前掲『煙突が高くなった』四二—四三頁、阿部、前掲『新しい町久里浜』三〇—三四頁。
(29)横山和夫「市長就任にあたって—みんなの幸せを」『広報よこすか』一九七三年八月。
(30)前掲『煙突が高くなった』二二二頁。
(31)「住友系と関係を深めた浦賀船渠」『東洋経済新報』一九六〇年五月七日、「超大型船分野に進出を目指す浦賀重工業」『ダイヤモンド』一九六八年二月五日、前掲『新横須賀市史』通史編近現代、九三〇—三一頁、別編民俗、二〇一三年、三三七—二八頁。伊藤隼・舘陽太・名打羽也斗「波に乗った日本の造船業—造船業界の光と影」（二〇一六年度小堀ゼミナール共同論文）からも教示を得た。
(32)以上、『タウンニュース』横須賀版、二〇一五年一一月六日、一八年四月六日、二月二日。

第一二章　三浦海岸～油壺

──三崎直通の夢と現実

三浦海岸線の祝賀看板
（『目でみる三浦市史』より）

京急旧1000形（「三崎」の方向幕が準備されていた。
読売新聞社提供）

一九一三年（大正二）五月、詩人の北原白秋（一八八五―一九四二）は家族とともに東京から三浦郡三崎町に転居します。白秋の三崎滞在はわずか一年でしたが、『雲母集』や「城ヶ島の雨」などの作品を生み出しました。が、ここでの話題はそのことではありません。白秋はどのようにして東京から三崎へと移動したのでしょうか。

「京急」では逃げられない

白秋が利用したのは三浦共立運輸が運行する三盛丸といわれています。三浦共立運輸は三崎の漁商が一八九一年（明治二四）に設立した海運会社で、主目的は東京の朝市向けに魚を出荷することでした。そのついでに畳部屋を三盛丸に設置し、人間も運んだのです。船賃は二一銭で、所要時間は直行便で約四時間（同時期の馬車賃は三崎‐浦賀が四〇銭）。二三時頃に三崎を出港して早朝に東京に到着し、そして午前中に東京から三崎へと出航します。津久井、浦賀など三浦半島の諸港を経由する便もありました。

三崎に乗合自動車（バス）が登場したのは一九一七年（大正六）のこと。国鉄横須賀駅までを結びました。そして二〇年代には、船に代わってバスが主要交通手段となります。たとえば、二三年二月、小田原から東海道線に乗った白秋は、車中で歌人の前田夕暮と偶然出会い、そのまま三崎まで一緒に出かけますが、この時は横須賀駅からバスで移動しました。当時すでに、白秋は三崎の観光資源と化しており、白秋煮や白秋漬といった土産が売られていたそうです(1)。

湘南電鉄の当初計画では、三崎までが鉄道で直結され、乗り換えの手間はなくなるはずでした。しかし、線路は浦賀と湘南逗子とで止まり、それから先はバスになります。京浜電鉄との直通が実現した一九三〇年代半ばの運賃と所要時間は、品川─浦賀が一・〇三円で九一分、浦賀─三崎が六〇銭で六〇分。品川─湘南逗子が七七銭で七六分、逗子─三崎が九〇銭で五〇分。[2] これに乗り換え時間も含めると、片道一四〇～一七〇分でしょうか。小田急が二七年に新宿─小田原を普通一一七分、急行一〇五分で結んだことと比較しますと、京浜・湘南電鉄には「いっそ小田急で逃げませうか」（東京行進曲）のヒット曲が醸し出すほどの颯爽さは感じません。[3]

三浦海岸の誕生

現在は、品川─三崎口の六五・七キロメートルが六七分（休日日中）ですので、大幅に短縮されています。が、三崎口駅はあくまでも三崎の口であり、一九五五年の三浦市成立までは初声村に位置する場所でした（ほか、南下浦町と三崎町とが合併）。つまり京急は、三崎港周辺の旧三崎町市街地に到達していないのです。現在、三崎口から三崎港まではバスで通常一五分程度ですが、主要道路が一本しかなく、行楽期などはその渋滞が問題になっています。

京急が三崎への延伸に動き出したのは一九五六年（昭和三一）のことでした。背景は国鉄三崎線の延伸計画が五五年に浮上したことです。これは横須賀線をさらに延伸するもので、結局実現しませんでしたが、京急を後押しする役割を果たしました。京急は五六年九月に久里浜─上宮田六・五キロメートルの測量を開始し、六三年に野比（一一月一日）、六六年に津久井浜（三月二七日）、三浦海岸（七月七日）を順次開業。品川―三浦海岸は七〇分で結ばれ、三浦市についに鉄道が到達しました。

測量区間に登場する上宮田とは三浦海岸駅の置かれた地名です。そもそも京急の開業前は三浦海岸なるものは存在せず、野比以南の沿線の海岸は北下浦や南下浦と呼ばれていました。京急はこれらを三浦海岸と名付けることで海水浴客を喚起したのです。開業当初は三浦海岸線の通称も付けました（本章扉）。また開業同年から三浦海岸フェスティバルを一九九六年（平成八）まで毎夏開催。第一線のアイドルが相次いで出演しました。開業五年後の七一年七～八月には三九九万人が三浦海岸を訪れ、ピークを記録します。

フェスティバル開催期間には出演者やスタッフの会場までの輸送をかねて、アイドルと一緒に三浦海岸まで行ける特別列車も運行しました[4]。高校生のときに西城秀樹（一九五五―二〇一八）の特別列車に乗った女性は「秀樹の車内アナウンスに胸がときめいた」と振り返っています[5]。

首都圏とどう向き合うか―油壺延伸と小網代の森

一九七三年一〇月、京急は三浦海岸―油壺四・二キロメートルの工事に着手します（七五年開業目標）。京急は油壺湾周辺でレストハウス（五九年）、マリンパーク（六八年）など観光開発を進めており[6]、油壺延伸にはそのアクセスを確保する意味もあったでしょう。が、油壺駅は実際には小網代湾の東に予定されており、より重要な目的は宅地開発でした。京急は新駅周辺の用地確保を六〇年代から進め[7]、六八年一二月、小網代とその北に隣接する三戸《みと》との大規模開発計画を三浦市に提出します。その最大時の計画では一六五ヘクタールに住宅二八三〇戸・九九〇〇人が建設され、小中学校も各一校新設。小網代湾奥を二・三ヘクタール埋め立てて、ヨットハーバーや宅地用の下水処理場も建設する予定でした。京急の開発計画を受け、三浦市は予定地一帯を七〇年に市街化区域に指定。京急の開発予定面積は三浦市総面積の五パーセント、全市街化区域の一九パーセントを占め、また収容人口は当時の三浦市総人口の二二パーセントに相当する大規模なものでした。一方、京急は七〇年に油壺—三崎（三・

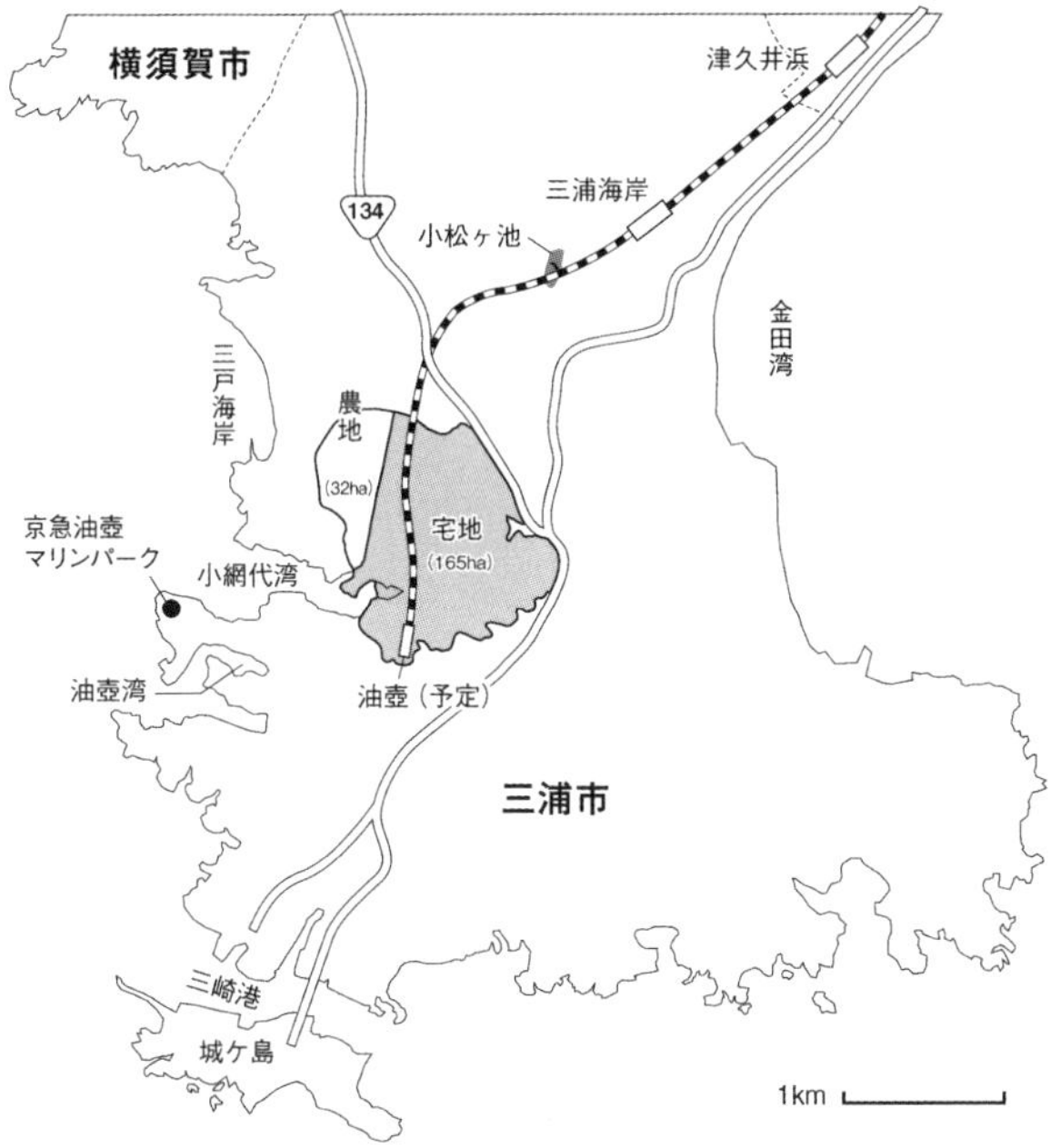

三戸・小網代開発計画地図（1970 年代初め）
（神奈川県立公文書館所蔵「佐々井典比古氏関係資料」
［三浦市全図］2601200446 より）

六キロメートル）の免許を失効しており、三崎市街地への延伸を断念する代わりに、新たな市街地を三戸・小網代に創り出す事業といえるでしょう。この際に三戸では、開発で農地を失う農家のために、代替農地三二ヘクタールの造成事業も計画されます[8]。

だが、計画は予定通りには進みません。石油危機や自然保護運動の活発化を背景として工費が膨らんだ結果、京急が未買収地の購入資金を捻出できなくなったからです。代替農地でも、その造成面積などについて、農家の納得を得られませんでした。そこで、一九七五年四月二六日、開発予定地手前の国道一三四号と接する地点（三浦海岸から二・二キロ）に、当初予定になかった駅を開業し、仮の終点とします。これが三崎口です[9]。

京急がほかの事業を優先したこともあり、三戸・小網代開発は全く進展しないまま一九七〇年代を終えます[10]。ただし、その間の七五年三月、京急は計画を変更し、住宅面積の縮小とゴルフ場の併設を構想していました。石油危機後の経営効率化の一環でしょうが、この結果、仮に農地造成の見通しがついたとしても、今度は神奈川県との調整が必要になります[11]。県が七三年にゴルフ場の新設を原則凍結していたからです。六七〜七五年の神奈川では、保守派の津田文吾知事が、県内各地の自然保護活動家とも意見交換しつつ、自然保護行政を展開していました[12]。

事態が大きく動くのは一九八五年のことです。当時の中曽根康弘政権が公共投資への「民間活力」（民活）の導入を提唱するなか、地元水産会社社長で元市議の久野《くの》隆作（一九三六―二〇一〇）が三浦市長に当選したのがきっかけでした。久野は新自由クラブと民社党との推薦を受けており、自民推薦候補を破っての当選でしたが、民活による三浦市経済の活性化を主張していました。[13]

そして久野の当選直後の一九八五年八月、京急は三浦市に協議を依頼し[14]、新たな計画を作ります。これは三崎口から一・二キロメートルの小網代湾北側に新駅の場所を移すとともに、その周辺一二六ヘクタールを開発する計画でした。「三浦市の新しい玄関」である新駅にはバスターミナルやショッピングセンターを配置し、さらに二七ヘクタール、一二〇〇戸・四二〇〇人の住宅を整備。また線路の東側には「相模湾や、伊豆、富士山も眺められ…（略）…ハイグレイドなゴルフ場」九〇ヘクタールを開設し、テニスコート、リゾートホテルやテラスハウスと合わせて「リゾートエリアを形成し、三浦市の観光レクリエーション施設の一つの核とする」ことが謳われます。

これら開発区域の西側には三戸での農地造成事業が四二ヘクタールに拡張され、さらに農地と線路との間に「農地と住宅地の土地利用境界」を兼ねて都市計画道路（西海岸線）が引かれました[15]。一九六二年に既に事業決定していた西海岸線は、三戸で国道一三四号から分岐した後、小網代湾を橋で横断し、油壺―三崎を相模湾沿いに走る路線で、三崎港の輸送力増強が期待されていましたが、これも油壺以北が未成のまま中断していました。京急開発予定地を通過することになったため、農地や宅地の配置が確定しない限り、道路の路線も確定できないからです[16]。

久野は一連の開発計画を実現させるため、神奈川県にゴルフ場の解禁を積極的に働きかけます。久野が京急の計画に賭けたのは三浦市経済への危機感からでした。久野は三浦市の財政力の低さやそれに伴う社会施設の立ち遅れを問題視し、原因を第一次産業比の高い産業構造という点で「首都圏の中で特異な町」であることに求めます。そして、「三浦半島がずうっとこの一世紀にわたって食べてきたような古典的な経済のスタイル」だけでは不十分な時代が来たのであり、「さまざま首都圏から来る外部のニーズ」を積極的に取り込むよう訴えます。その答えが、「リゾートの町」となることであり、「べたべた住宅をふやす」よりもゴルフ場や「首都圏に住んでいらっしゃる産業人、経済人、高所得者」向けの高級住宅を造成する方が良いと論じました[17]。

また、主要産業である漁業の活性化策としてもゴルフ場が必要と訴えます。久野は、三崎が焼津や清水の後塵を拝している要因を大型冷蔵庫の不足に見出し、冷蔵庫不足の要因を道路網の立ち遅れに求めました。東名高速の恩恵に与《あずか》る焼津・清水と、太平洋ベルト地帯からわずかに外れているがゆえに西海岸線すら実現しない三浦市とのインフラ格差です。そこで、住宅地よりも企業の「投資マインド」の高いゴルフ場を京急に認める代わりに、ゴルフ会員権を募集した収益から京急が農地や鉄道・道路用地の買収費用を捻出し、西海岸線が実現されることに期待したのです[18]。ゴルフ場は脱第一次産業の手段と同時に第一次産業育成の手段でもありました。

ところが、この計画に反対運動が起こります。開発予定地域の南側一〇〇ヘクタールが谷間に小川の流れる森林・湿地だったからです。一帯は一九六〇年代まで水田や薪炭林として利用されていましたが、京急の開発計画後、耕作放棄されていました。しかも、全体が一つの流域を形成していることにも価値が見いだされます。一帯は「小網代の森」と名付けられました[19]。

反対運動の中で久野が最も意識していたのは[20]、慶應義塾大学講師で反原発の論客としても著名な藤田祐幸（一九四二―二〇一六）でした。当時藤田は三浦市に居住しており、ゴルフ場開発計画を知り、一九八三年にポラーノ村を考える会を立ち上げます。藤田の主旨は「単なる反対運動ではなくて、もう少し展開のある運動」であり、具体的には「自然を破壊することでしか、地域の経済の自立というものがあり得ないのかどうか、こういう地域のあり方そのものも問いかけていこうというようなことが出発点」でした。会の名称は宮沢賢治の作品に因んだものです。

藤田は同僚で進化生態学者の岸由二らの協力も得て、自然と人間の共生を骨子とする対案を提起します[21]。この案は二一世紀の文明を「自然回帰に向かう」と予測し、「美しい三浦は、新たな世紀の求める人間の生の在りかたを示すモデル都市として相応しい場所」と論じます。そして「三浦市が緑と海を背景として首都圏に独自の存在を主張する自立的な都市であろうとするなら、その文化的な選択を象徴する三浦の新しい方向として、人と自然の共生する広大な空間を小網代に構想する必要があ」ると述べ、小網代の森を自然観察公園として保全するとともに、残りの地域でも文化・芸術を基軸に据えた、自然と調和的な街づくりを構想しました（ミュージアム、野外劇場、クラフト工房、有機農場など）[22]。久野が首都圏のニーズを取り込むことで三浦市の経済開発を進めようとしたのに対して、藤田の構想は首都圏からの自立や首都圏の価値観自体の変革を視野に入れたものでした。藤田にとってポラーノ村は、「原発に象徴されるものを排除した後の」新しいライフスタイルや地域経済への模索を射程に入れた運動だったのです[23]。

しかし久野は、緑地の保全という点ではゴルフ場の方が住宅より優れていると述べ、「きつい自然保護者」でなければゴルフ場に納得すると論じます[24]。三浦市議会も久野の開発構想に賛成しており、一九八九年の市長選は久野の無投票再選となりました[25]。

結局、最終判断は長洲一二神奈川県知事に委ねられます。長洲は一九九〇年に小網代でのゴルフ場設置は望ましくないと表明。九三〜九四年に京急や三浦市関係者は相次いで開発を断念しました[26]。県への働きかけでは反対派の試行錯誤や署名活動の方が一枚上手だったのです[27]。ゴルフ場凍結を打ち出した津田県政期の自然保護行政や自然保護活動が、二〇年後に改めて実を結んだともいえましょう。

一方のポラーノ村も実現しなかったとはいえ、一九九五年に、県、三浦市、京急との間で小網代の森のうち七二ヘクタールの保全と、残りを開発区域とすることとが合意されます。その後、小網代の森では県による買取（公有地化）やＮＰＯ法人小網代野外活動調整会議（代表：岸由二）による保全が進められ、二〇一四年に一般開放されました[28]。京急も所有地のうち一・六ヘクタールは寄付し、「希少生物の保護に貢献」と自社の広報誌で宣伝しています[29]。

なにが三浦の付加価値か—北川湿地の埋立

臨海工業地帯に注目した京急沿線史も、残り三頁となりました。京浜電鉄創業当初は遊覧地帯であった鶴見・川崎で一九一〇年代に始まる臨海工業地帯は、海外化石資源を国内の人的資源と効率的に結びつけた点にその意義があります（第一章参照）。と同時にそれは、漁業や行楽など様々な機能を有していた海辺を海外化石資源の徹底活用という機能のみに特化していくこと、つまり海辺の単機能化を意味しました。[30] さらに五〇年代以降、工業用地には不適な旧湘南電鉄沿線の山林も、臨海工業地帯の発展に伴う増大人口を収容する空間へと単機能化していきます。

京急沿線におけるいくつかの住民運動やいくつかの行政が目指したのは、海や山の多機能性を維持もしくは回復した街づくりでした。それは時として意図せざる結果にも支えられながら、いくつかの成果を上げます。と同時に、多機能性の追求は、どの機能をどの程度重視するかを巡って、様々な思想を生み出す。たとえば、金沢地先埋立を巡る対立は、横浜市都心の臨海公園を重視するか、それとも市周辺部である金沢の自然を重視するかの対立でもありました（第八章参照）。

二〇世紀末以降における京急沿線の脱工業化や人口減少は、多機能性を有する街づくりの潜在的な可能性を以前よりも高めているはずです。また、そのなかで生じうる対立や協調・妥協が、学問や他地域での実践に示唆を与える可能性もあるでしょう。しかし、この可能性が果たしてどの程度実現するか、ましてや東アジアの奇跡を文字通り世界最初に演じた京急沿線が、それとは別の意味でも「未来の歴史研究者」に注目されるかどうかは、まだ何とも言えません。沿線各地でいくつもの取り組みがみられるとはいえ、社会全体の方向はまだ定まっていないからです。一例として、ゴルフ場を失った三戸・小網代開発のその後に触れて、本書を結びたいと思います。

まず、都市計画道路西海岸線はまだ実現せず、県への働きかけが地元から続けられています。[31]

一方、その前提でもある三戸の農地造成は、県営事業として一九九九～二〇〇九年に実施されました。その三浦市の負担分は京急の寄付によって賄われています。そして、「集約的な農業に必要のないものはすべてな」い、つまり「害虫もいなければ益虫もいない」農地ができあがります。[32]

京急の住宅地は一九九九年に三戸の農地造成地域の東側五〇ヘクタールに二〇〇〇戸・七〇〇〇人で計画され、鉄道延伸はその見通し次第になります。が、九九～二〇〇六年頃にかけて地価が四〇パーセント以上下落した結果、「普通の住宅」では事業化が困難な状態になりました。そこで京急が選択したのは、開発予定地内の谷戸（丘陵地の浸食谷。三浦半島に特徴的な地形）を建設発生土処分場として取りあえず埋め立てて、当面の利益を確保することでした。埋立後の土地に見晴らしの良い住宅や商業施設を建設する選択肢も一応残ります。[33]

とはいえ、この谷戸は神奈川県の一九九〇年の環境調査でも小網代と連続した樹林や発達した湿地が高く評価され[34]、地元の自然愛好家に親しまれた空間でした。京急の埋立計画を受けて、三浦半島の自然保護団体は、谷戸の生態系を調査して「北川湿地」と命名し、その保全を要望。たとえ宅地を造成するにしても、その面積を縮小して湿地を保全し、「ホタルが乱舞するところを夕方家族で散歩しながら観察できる」ような開発をする方が付加価値を高められると論じます。[35]さらに、小網代の森などと合わせてグリーン・ツーリズムを展開することで、「首都圏最大の湿地」を三崎口＝京急終点の魅力にすることができると働きかけました。小田急にとっての箱根のように、です。[36]これらは、ポラーノ村以上に具体的な対案ともいえます。三崎口をいつまでも仮の終点として扱うのではなく腰を据えてみては、と京急に呼びかける意味もありました。[37]

だが、京急はこれに応じることなく埋立を開始し、二〇一〇年に湿地は消滅します。[38]宅地開発の可能性が不透明ながら、小網代の森の開発を差し止められた京急や三浦市関係者は、一五年前（一九九五年）の合意を譲れない線引きと考えたのでしょう。[39]

そして結局二〇一六年、京急は鉄道延伸と宅地開発とを両方凍結すると表明しました（残土搬入は継続）。もっとも、京急社長の原田一之は、発生土処分場を更地にするのではなく、「高齢者専用のほかリゾート地に住みたいと思う外国人をターゲットにしたものだったり、レジャー施設だったり。さまざまな可能性が残っている」とその活用に言及しています。[40]「可能性」は具体化するでしょうか。その一方で、北川湿地の埋立反対運動は経緯を一冊の本にまとめました（『失われた北川湿地』）。「三浦半島でのひどい自然破壊はこれで最後にしよう、という強い思い」を込めて。[41]参加者のなかには今でも地道に、自然保護教育や里山保全に携わっている人たちがいます。

三〇年後の二〇四八年は大師電気鉄道一五〇周年、京浜急行電鉄一〇〇周年です。その時、私たちはどのような「京急沿線の近現代史」を描くことができるでしょうか。

【註】

(1) 内海延吉『三崎町史』上、三崎町史編集委員会、一九五七年、七二―七四、二二七―二八、二四八―

五二頁、野上飛雲（義一）『北原白秋―その三崎時代』一九七六年、慶友社、一七二、二九八―三〇一頁。

(2)京浜電気鉄道・湘南電気鉄道「京浜湘南沿線案内」一九三四年（横浜市立図書館デジタルアーカイブ「都市横浜の記憶」）、京浜電鉄「秋」一九三五年（名古屋大学大学院経済学研究科附属国際経済政策研究センター情報資料室所蔵）。

(3)小田急電鉄株式会社社史編集事務局編『小田急五十年史』同社、一九八〇年、一〇二頁。「東京行進曲」については、筒井清忠『西條八十』中公叢書、二〇〇五年、第五章。

(4)以上、京浜急行電鉄株式会社編『京浜急行八十年史』同社、一九八〇年、一七九頁、同『京浜急行百年史』一九九九年、二六〇―六三、五一四―一六頁、吉本尚『京急ダイヤ一〇〇年史―一八九九～一九九九』電気車研究会、一九九九年、一四二、一七〇―七四頁、赤星千春「走る電車内で〝場違いな水着ショー〟をやるワケ―京浜急行と三愛水着楽園がコラボ」（「日経トレンディネット」二〇一六年八月一二日、http://trendy.nikkeibp.co.jp/atcl/coltop/15/121104/080900026/）。なお、二〇一五年の海水浴客は三九・五万人で、一九七一年の十分の一以下にまで減少しています。

(5)横須賀市『新横須賀市史』別編民俗、二〇一三年、四八六頁。

(6)前掲『京浜急行百年史』一五六、二六四、四七八―八五頁、『読売新聞』一九七三年一〇月四日（神奈川県立公文書館所蔵「佐々井典比古氏関係資料」二六〇一二〇〇一二四）。

(7)関本禮司議員発言「三浦市議会定例会会議録」一九八八年九月八日、三一頁。以下、三浦市議会会議録は、一九九〇年までは冊子体を、九一年以降は「三浦市議会会議録検索システム」（http://www.kensakusystem.jp/miura/）を利用した。

(8)京浜急行電鉄株式会社『住宅地造成と鉄道延長事業計画概要』一九六九年六月五日（「佐々井典比古氏関係資料」二六〇一二〇一四五四）、『神奈川新聞』一九七〇年七月一三日、三浦市『三浦市総合計画―昭和四六年度～昭和五五年度』一九七二年三月、一一、三五頁、三浦市開発整備担当主幹発言（「三浦市議会経済対策特別委員会議録」二〇〇五年七月二一日）、前掲『京浜急行八十年史』三三六頁。

（9）『神奈川新聞』横須賀・湘南版、一九七六年一月二一日、前掲『京浜急行百年史』二六四頁、三浦市経済部長発言（「三浦市議会定例会会議録」一九七六年三月一六日、二〇七頁）。

⑽野上義一市長発言（「三浦市議会定例会会議録」一九七九年五月一四日、三九―四〇、一六一頁）。

⑾野上義一市長発言（「三浦市議会定例会会議録」一九八四年一二月三日、五三頁）、前掲、三浦市開発整備担当主幹発言、『日経産業新聞』一九七四年一一月一六日、七五年二月二五日。

⑿新堀豊彦『かながわ乱の時代―戦後県政五十年』二〇〇二年、神奈川新聞社、三〇九―一一、三一九―三一頁。

⒀『神奈川新聞』一九八五年六月二五日。

⒁立花毅一郎議員発言（「三浦市議会定例会会議録」一九八五年一二月三日、二九頁）。

⒂以上、京浜急行電鉄株式会社『三浦開発基本構想』（一九八六年八月一日に京急が県に提出したもの。神奈川県立公文書館所蔵）。

⒃久野隆作市長発言（「三浦市議会定例会会議録」一九八九年七月二五日、一一八頁）、三浦市幹線道路整備促進協議会「西海岸線（未整備区間）」二〇〇九年八月。

⒄久野隆作市長発言（「三浦市議会定例会会議録」一九八五年七月一二日、一七四頁、八八年九月八日、三三五、九九頁）。

⒅久野隆作市長発言（「三浦市議会定例会会議録」一九八五年一二月三日、三三―四〇頁、八九年七月二五日、一一七頁）。

⒆岸由二『いのちあつまれ小網代』木魂社、一九八七年。

⒇久野隆作市長発言（「三浦市議会定例会会議録」一九八八年九月八日、四五頁）。

(21) 以上、藤田祐幸「都市の中の自然―『小網代の森』を守る」『公明』第三二六号、一九八九年三月。

(22) ポラーノ村を考える会『この美しい自然を次の世代に伝えるために―小網代の森の未来への提案』一九八七年九月（横須賀市立中央図書館所蔵）。なお、鉄道と西海岸線とについては別ルートでの実現を提案しています。

(23) 藤田、前掲「都市の中の自然」。

(24) 久野隆作市長発言（「三浦市議会定例会会議録」一九八八年九月八日、四三頁）。

(25) 三浦市議会「三戸・小網代地域開発促進決議（案）」（「三浦市議会定例会会議録」一九八八年九月二二日、二三一―三五頁）、『神奈川新聞』一九八九年六月五日。

(26) 『神奈川新聞』一九九〇年五月一六日、九四年三月一一日。

(27) 宮本美織「拝啓丹沢だより様―三浦・小網代の森より」『丹沢だより』第二三五号、一九八九年六月、岸由二・柳瀬博一『『奇跡の自然』の守りかた―三浦半島・小網代の谷から』ちくまプリマー新書、二〇一六年。

(28) 『神奈川新聞』一九九五年三月二八日、岸・柳瀬、前掲『『奇跡の自然』の守りかた』。

(29) 京浜急行電鉄『なぎさ』二〇一〇年四・五月号、五頁。

(30) 単機能化の概念は、一九六〇年代に河川を暗渠化して下水道に転用した東京都の土木行政を「河川の単機能化」と位置付けた中村晋一郎らの議論から示唆をえています。中村晋一郎・沖大幹「三六答申における都市河川廃止までの経緯とその思想」『水工学論文集』第五三巻、二〇〇九年二月。「河川に求められた機能は、汚水や雨水の排水のみであり、いかに効率的に排水を行うかのみに主眼を置かれた」のでした。本書と関連づけると、臨海工業地帯という海辺の単機能化が人口増大による都市問題の激化をもたらし、それがさらなる単機能化につながった、という流れになるでしょう。

(31) 『タウンニュース』三浦版、二〇一五年九月二五日。

(32)三浦・三戸自然環境保全連絡会編『失われた北川湿地―なぜ奇跡の谷戸は埋められたのか?―』サイエンティスト社、二〇一五年、八三―八四、一四六―一四七頁。
(33)京浜急行電鉄地域開発本部長発言(「三浦市議会経済対策特別委員会会議録」二〇〇六年九月二五日)。『神奈川新聞』二〇〇五年一〇月八日も参照。
(34)神奈川県環境部『地域環境評価書―三浦半島南部地域』一九九〇年、一〇一頁。
(35)三浦・三戸自然環境保全連絡会『三戸地区エコパーク構想』二〇一〇年一月、七―八頁。
(36)三浦・三戸自然環境保全連絡会「三浦市三戸北川湿地エコパークグランドデザイン」二〇〇九年六月(発行年月は原案作成者である天白牧夫氏への聞き取りによる〔二〇一八年八月八日〕)。
(37)前掲、天白氏への聞き取り。
(38)前掲『失われた北川湿地』三〇二―〇四頁。
(39)『朝日新聞』横浜版、二〇一〇年四月一八日、前掲『失われた北川湿地』一二九―一三二頁。
(40)『神奈川新聞』二〇一六年六月二七日。同、二〇一六年三月一六日も参照。
(41)NPO法人三浦半島生物多様性保全『三浦半島の生物多様性』二〇一五年。

あとがき

――先生は横須賀出身と伺いましたが、最寄り駅はどちらでしたか？

――新大津です。

――じゃあ、大津書房ってご存知ですか？

――知ってます、知ってます！　そういえば、歴史の本も多かったですよね。店主のおばさんがコワい人で…。

――コワかったですよねぇ。私も営業でよく怒られました。でも、それが勉強になったんですよね。


本書の企画者である川角功成氏と初めてお会いした二〇一六年五月、冒頭に交わしたのはこんなやりとりであった。「京急沿線のわずか数坪の、そしてもうない書店を記憶されている方と一緒に京急の本をつくる機会は、これを逃せばないだろう」。そんな直感が、執筆を引き受けたそもそもの理由である。まずは川角氏と、川角氏に筆者をご紹介くださった永江雅和氏とにお礼申し上げたい。

ちなみに、執筆の励みになったのも、川角氏のつぎの一言であった。「横須賀市が日本原子力研究所の誘致に失敗したこともぜひ書いてください」。結局、数行ふれるにとどまったけれど（第一一章参照）、この提案のおかげで、企画の主旨が京急の歴史ではなく、京急沿線の歴史であり、類書とは趣の違った一冊を作れることが、具体的に理解できたからである。

結局のところ本書は、京急沿線で暮らした一八年間に筆者が抱いてきた、驚きや、疑問や、違和感に対して、筆者がこれまでに学んできたことを活かしつつ、ひとまずの答えを見出そうとしたものである。そしていくつかの目次案を経てたどり着いたのが、海外資源への依存を通じた「経済発展」とこれに伴う社会変動とが激しく進む空間として、沿線を描きることであった。だが、その反面で、いくつもの大切なことを落としたのは否めない。たとえば横須賀に限ってみても、海軍下士官兵集会所とＥＭクラブ、坂本龍子の旧居跡と菩提寺、一九七四年の七夕台風、長沢の平和の母子像、などが立ちどころに思い浮かぶ。そしてこれらに注目することで、本書とはまた別の「世界史のなかの京急沿線」も現われうるだろう。本書への共感や反発をつうじて、さまざまな京急沿線史が読者の脳裏に去来することになれば、うれしい。

一連の話題のうち、臨海工業地帯については杉原薫先生と中村晋一郎氏の議論から、住まいや行楽といった生活については中西聡先生の議論から、公害や自然破壊については伊藤康、辛島理人、喜多川進、友澤悠季の各氏の議論から、多くを学んでいる。本書に興味をもって下さった読者は、ぜひこれらの方々の著作にも手を伸ばしていただければ、と思う。とくに喜多川氏には、本書の草稿に目を通していただくお手間をおかけした。京急に縁もゆかりもない読者にも通読できる一冊を目指す上で、喜多川氏からは数々の助言を得ている。また、天白牧夫氏（ＮＰＯ法人三浦半島生物多様性保全）からも、小網代の森や北川湿地など、沿線各地の開発と環境保全との現状について、文字資料にはなかなか残らないお話をたくさん賜った。本書ではそのごく一部しか活用できなかったのが残念であり、他日を期したい。

歴史の本をつくる際には、資料が欠かせない。京急沿線から数百キロ離れた場所で本書を完成できたのは、沿線各地の図書館・文書館や古書店の方々による日々の資料収集・公開のおかげである。また、名古屋大学経済学図書室、同大学院経済学研究科附属国際経済政策研究センター情報資料室にも、資料の受入や相互貸借などで、たびたびお手数をおかけした。名古屋大学に勤務してからの一二年間、充実した図書室、資料室の存在が筆者の研究・教育の支えになっている。図書室、資料室の歴代職員の方々に、この場を借りてお礼申し上げたい。

二〇一八年一一月二三日

小堀　聡

＊本書はＪＳＰＳ科研費（J18K01724、J18H03625、J17K00684）による成果の一部である。

●関連年表

一八九八年（明治三一）　二月　大師電気鉄道株式会社創立総会開催
一八九九年（明治三二）　一月　川崎（のち六郷橋）―大師、国際標準軌（一四三五ミリ）にて開業
　　四月　社名を京浜電気鉄道株式会社に変更
一九〇一年（明治三四）　二月　川崎（のち六郷橋）―大森停車場前（のち大森）開業
一九〇二年（明治三五）　六月　蒲田―穴守開業
　　九月　六郷橋―川崎開業。官鉄川崎駅との連絡実現
一九〇四年（明治三七）　三月　軌間変更工事竣工。標準軌から馬車軌（一三七二ミリ）に
　　五月　八幡（現、大森海岸）―品川（八ツ山。現、北品川）開業
一九〇五年（明治三八）　一二月　川崎―神奈川開業。京浜間全通の実現
一九〇九年（明治四二）　三月　羽田運動場開設。のち、一一年七月に羽田海水浴場も開設
　　七月　大森八幡海水浴場（京浜電鉄初の海の家）開設
一九一四年（大正三）　五月　生麦住宅地の販売開始
一九一九年（大正八）　一二月　川崎運河の開削工事着手。のち、二二年六月に運河周辺用地の分譲を開始
一九二〇年（大正九）　一一月　海岸電気軌道株式会社設立。のち二五年に総持寺―大師が順次開業
一九二五年（大正一四）　三月　品川（八ツ山）―高輪開業。東京市内乗り入れを実現
　　一二月　湘南電気鉄道株式会社設立総会開催
一九二九年（昭和四）　六月　神奈川―横浜仮停留場開業し、国鉄横浜駅に徒歩で連絡
一九三〇年（昭和五）　二月　国鉄横浜駅構内に乗り入れ
　　三月　海岸電気軌道が鶴見臨港鉄道株式会社に吸収合併
　　四月　湘南電鉄、黄金町―浦賀、金沢八景―湘南逗子、標準軌にて開業
一九三一年（昭和六）　四月　湘南逗子駅葉山口乗降場開設
　　一二月　京浜電鉄、横浜―日ノ出町、湘南電鉄、黄金町―日ノ出町、標準軌にて開業。横浜―浦賀直通運転実現
一九三三年（昭和八）　四月　国鉄品川駅乗り入れ。品川―横浜を標準軌に再改軌し、品川―浦賀直通運転実現
一九三七年（昭和一二）　三月　大森海岸―大森廃止
一九四一年（昭和一六）　一一月　京浜電気鉄道に湘南電気鉄道と湘南半島自動車とが合併

一九四二年（昭和一七）	五月	京浜電気鉄道、東京横浜電鉄、小田急電鉄が合併。東京急行電鉄（いわゆる大東急）発足
	九月	湘南逗子駅葉山口乗降場廃止
	一二月	横須賀堀内―久里浜開業
一九四四年（昭和一九）	六月	川崎大師―産業道路開業。のち、四四年一〇月～四五年一月に産業道路―桜本順次開業
一九四五年（昭和二〇）	九月	占領軍の強制撤去により、穴守線の稲荷橋―穴守営業休止
一九四八年（昭和二三）	六月	大東急から分離・独立。京浜急行電鉄株式会社発足
	七月	湘南逗子―逗子海岸開業
一九五二年（昭和二七）	一月	塩浜―桜本を川崎市に譲渡。のち、六四年三月に小島新田―塩浜も営業休止
一九五四年（昭和二九）	六月	横浜市南区花の木分譲地の販売開始。以後、沿線での宅地開発を本格化
一九五六年（昭和三一）	四月	穴守線の強制撤去区間のうち、〇・五キロ営業再開。穴守稲荷―羽田空港開業
一九六三年（昭和三八）	一一月	京浜久里浜―野比開業。湘南久里浜など「湘南」駅名の冠称を「京浜」に変更
一九六四年（昭和三九）	一〇月	社名略称の冠称「京浜」を「京急」に変更
一九六六年（昭和四一）	三月	野比―津久井浜開業。のち、六六年七月に津久井浜―三浦海岸開業
一九六八年（昭和四三）	六月	品川―泉岳寺開業。都営一号線（現、浅草線）、京成との相互乗り入れ開始
	一二月	三戸・小網代地区開発計画を三浦市に提出
一九七〇年（昭和四五）	七月	油壺―三崎免許失効。のち七三年一〇月、三浦海岸―油壺着工
一九七五年（昭和五〇）	四月	三浦海岸―三崎口部分開業
一九七六年（昭和五一）	一一月	釜利谷地区開発事業に着手。のち、八二年一二月に谷津坂駅を能見台駅に改称
一九八五年（昭和六〇）	三月	京浜逗子、逗子海岸の両駅を統合し、新逗子駅開業
一九八七年（昭和六二）	六月	京浜久里浜など「京浜」駅名の冠称を「京急」に変更
一九九三年（平成五）	四月	空港線延伸第一期工事完成。羽田（現、天空橋）駅開業
一九九五年（平成七）	三月	「小網代の森」のうち七二ヘクタールの保全を神奈川県、三浦市、京急が合意
一九九八年（平成一〇）	一一月	空港線を羽田空港まで延伸。羽田空港ターミナル直下に羽田空港（現、羽田空港国内線ターミナル）駅開業。のち二〇一〇年一〇月に羽田空港国際線ターミナル駅開業
二〇〇五年（平成一七）	一〇月	三崎口―油壺延伸計画の免許取り下げ。ただし、区画整理後に再申請の方針と表明
二〇一六年（平成二八）	三月	油壺延伸と三戸地区宅地開発計画との凍結を発表。「北川温地」での発生土処分事業は継続

（『京浜急行百年史』などより作成）

小堀　聡（こぼり　さとる）

名古屋大学大学院経済学研究科准教授。

1980年、横須賀市生まれ。京都大学経済学部卒業、大阪大学大学院経済学研究科博士後期課程修了、日本学術振興会特別研究員などを経て現職。

専攻：日本経済史、環境史。

主要著作

『日本のエネルギー革命―資源小国の近現代』（名古屋大学出版会、2010年、第54回日経・経済図書文化賞、第6回政治経済学・経済史学会賞）
『荒木光太郎文書解説目録―増補改訂版』（共著、名古屋大学大学院経済学研究科附属国際経済政策研究センター情報資料室、2018年）
「エネルギーと経済成長」（中西聡編『経済社会の歴史―生活からの経済史入門』名古屋大学出版会、2017年）

京急沿線の近現代史　CPC リブレ No.9

2018年12月25日　第1刷発行

著　者　小堀　聡
発行者　川角功成
発行所　有限会社　クロスカルチャー出版
〒101-0064　東京都千代田区神田猿楽町 2-7-6
電話 03-5577-6707　FAX 03-5577-6708
http://crosscul.com
印刷・製本　石川特殊特急製本株式会社

ISBN 978-4-908823-45-9 C0021 Printed in Japan